essentials

essentials liefern aktuelles Wissen in konzentrierter Form. Die Essenz dessen, worauf es als „State-of-the-Art" in der gegenwärtigen Fachdiskussion oder in der Praxis ankommt. *essentials* informieren schnell, unkompliziert und verständlich

- als Einführung in ein aktuelles Thema aus Ihrem Fachgebiet
- als Einstieg in ein für Sie noch unbekanntes Themenfeld
- als Einblick, um zum Thema mitreden zu können

Die Bücher in elektronischer und gedruckter Form bringen das Fachwissen von Springerautor*innen kompakt zur Darstellung. Sie sind besonders für die Nutzung als eBook auf Tablet-PCs, eBook-Readern und Smartphones geeignet. *essentials* sind Wissensbausteine aus den Wirtschafts-, Sozial- und Geisteswissenschaften, aus Technik und Naturwissenschaften sowie aus Medizin, Psychologie und Gesundheitsberufen. Von renommierten Autor*innen aller Springer-Verlagsmarken.

Weitere Bände in der Reihe http://www.springer.com/series/13088

Michail Logvinov

Evaluation und Radikalisierungsprävention

Kontroversen – Verfahren – Implikationen

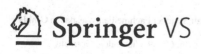

FoPraTEx
Forschung-Praxis-Transfer
Islamistischer Extremismus

Michail Logvinov
Berlin, Deutschland

ISSN 2197-6708   ISSN 2197-6716 (electronic)
essentials
ISBN 978-3-658-34129-9   ISBN 978-3-658-34130-5 (eBook)
https://doi.org/10.1007/978-3-658-34130-5

Die Deutsche Nationalbibliothek verzeichnet diese Publikation in der Deutschen Nationalbibliografie; detaillierte bibliografische Daten sind im Internet über http://dnb.d-nb.de abrufbar.

Planung/Lektorat: Cori Antonia Mackrodt
Springer VS ist ein Imprint der eingetragenen Gesellschaft Springer Fachmedien Wiesbaden GmbH und ist ein Teil von Springer Nature.
Die Anschrift der Gesellschaft ist: Abraham-Lincoln-Str. 46, 65189 Wiesbaden, Germany

Was Sie in diesem *essential* finden können[1]

- Einen kurzen Überblick der Paradigmen und Ansätze der Evaluationsforschung
- Eine Diskussion der integrativen Evaluationsmodelle und -verfahren
- Einen Überblick der Evaluationsansätze in der Radikalisierungsprävention
- Eine kritische Diskussion der wirkungsorientierten Evaluationsmaßnahmen

[1]Dieses essential stellt eine überarbeitete und erweiterte Fassung des im Sammelband „Schnitt:stellen: Erkenntnisse aus Forschung und Beratungspraxis im Phänomenbereich islamistischer Extremismus" erschienenen Beitrags des Verfassers dar (Logvinov 2021). Die Publikation wurde ermöglicht durch eine Förderung des Bundesamtes für Migration und Flüchtlinge aus Mitteln des Nationalen Präventionsprogramms gegen islamistischen Extremismus (NPP) der Bundesregierung. Die Veröffentlichung stellt keine Meinungsäußerung des Bundesamtes für Migration und Flüchtlinge (BAMF) oder des Bundesministeriums des Inneren, Bau und Heimat (BMI) dar. Für inhaltliche Aussagen trägt der Autor die Verantwortung.

Inhaltsverzeichnis

Abbildungsverzeichnis

Einleitung

> *Ein*e naive(r) Beobachter*in der gegenwärtig boomenden Evaluationslandschaft im Bereich sozialer Maßnahmen könnte davon ausgehen, dass Evaluationen Wissen bereitstellen, um die Folgen dieser Maßnahmen objektiv einzuschätzen. Dies ist nicht der Fall. Faktisch konkurrieren heterogene Optionen, um die Folgen von Maßnahmen zu bestimmen. Dies gründet in wissenschaftstheoretisch differenten Annahmen über die soziale Wirklichkeit, über kausale Zusammenhänge und auch darüber, was Folgen eigentlich sind. Letztlich kann es keine einzig ‚richtige‘ Form von Wirkungsforschung geben, sondern die Diversität sozial- und erziehungswissenschaftlichen Forschens und erstaunlich langlebige ‚paradigm wars‘ [...] spiegeln sich in entsprechenden Ansätzen (Dollinger 2018a, S.255).*

Der Stellenwert von Evaluationen[1] steht in einem direkten Zusammenhang mit dem Ausbau von Infrastrukturen für Innovationen und soziale Investitionen.[2] Auch das öffentliche Interesse an bestimmten sicherheitsrelevanten Phänomenen trägt zum Legitimationsdruck im Hinblick auf sozialpolitische Initiativen bei. Des Weiteren spielt das Verhältnis zwischen den zu prävenierenden sozialen Missständen, dem finanziellen Aufwand und den beobachtbaren Ergebnissen dahin gehend eine wichtige Rolle, als sich die Frage nach möglichen Zweck-Mittel-Konflikten und nicht intendierten Wirkungen von Interventionen in sozialen Kontexten aufdrängt. Es verwundert vor diesem Hintergrund nicht, dass Bewertungen von Extremismus-Präventionsprogrammen und Deradikalisierungsinitiativen auf eine große Aufmerksamkeit stoßen.

Es mangelt nicht an fruchtbaren Ansätzen, Modellen und Verfahren der Evaluation in der Kriminal- und Extremismusprävention (Bubenitschek et al. 2014; Gielen 2019; Glaser und Schuster 2007; Hohnstein und Greuel 2015; Widmer

---

[1]Vgl. die nachfolgenden Definitionen: „Evaluation is the systematic investigation of the merit or worth of an object (program) for the purpose of reducing uncertainty in decision making" (Mertens 1998, S. 5). „[…] evaluation means a study designed and conducted to assist some audience to assess an object's merit and worth" (Stufflebeam 2000: 35). Rossi et al. (1988, S. 3) bestimmen Evaluation als „systematische Anwendung sozialwissenschaftlicher Forschungsmethoden zur Beurteilung der Konzeption, Ausgestaltung, Umsetzung und des Nutzens sozialer Interventionsprogramme. Evaluationsforschung bezeichnet den gezielten Einsatz sozialwissenschaftlicher Forschungsmethoden zur Verbesserung der Planung und laufenden Überwachung sowie zur Bestimmung der Effektivität und Effizienz von […] sozialen Interventionsmaßnahmen". Merchel (2019, S. 20) definiert Evaluation als „ein – in der Regel organisational verankertes – systematisiertes und transparentes Vorgehen der Datensammlung zu einem bestimmten Gegenstandsbereich/Sachverhalt mittels intersubjektiver und gültiger Erhebungsverfahren, das auf der Basis vorher formulierter Kriterien eine Bewertung des Gegenstands/Sachverhalts ermöglichen und in der Praxis verwertbare Diskussions- und Entscheidungshilfen zur Verbesserung bzw. Weiterentwicklung des untersuchten Gegenstands/Sachverhalts liefern soll". Es ist überdies eine Art Meta-Forschung in Deutschland entstanden, die die Methoden und Verfahren der Praxisforschung bzw. wissenschaftlichen Begleitung von Programmen/Projekten auf den Prüfstand stellt (vgl. den Begriff „Evaluationsforschung" nach Edward Suchman, der sowohl wissenschaftliche Evaluationen als auch Forschungen über Evaluation bezeichnet; Treischl und Wolbring 2020, S. 19 f.). Im Gegensatz zur Meta-Evaluation wird hier weniger systematisch und mit Daten unterschiedlicher Qualität gearbeitet.

[2]Produktinnovationen, Verfahrensinnovationen, Organisationsinnovationen, Personalinnovationen u. a. (Stockmann 2006, S. 130). Vgl. die „Big Six" der Evaluation nach Michael Scriven: product evaluation, performance evaluation, personnel evaluation, program evaluation, proposal evaluation und policy evaluation.

et al. 2007). Zugleich entsteht der Eindruck, dass die methodische und institutionelle Ausdifferenzierung des Feldes einen „Kampf" der Paradigmen[3] in Deutschland befeuert, der einen Dialog zwischen verschiedenen „Evaluationsschulen" sowie zwischen der Praxis- und Meta-Forschung teils erschwert. Es fällt zudem auf, dass die aktuellen Diskurse rund um die Evaluationsmethoden und (Gold-)Standards der Extremismusprävention jene Kontroversen wiederholen, die bereits in der angelsächsischen Soziologie der 1980/1990er Jahre einen prominenten Platz einnahmen.

Um die Lernkurve, die die Evaluation in der Radikalisierungsprävention durchläuft, etwas zu verkürzen, sollen hier die Entwicklungsstränge, Paradigmen und Ansätze der Evaluationsforschung umrissen werden. Dies geschieht mit dem Ziel, konzeptionelle, methodische und fachliche Differenzen sowie Überschneidungen zwischen verschiedenen Verfahren auszuarbeiten und auf die Evaluation in der Extremismusprävention zu projizieren, um diverse Modelle, Guidelines und Standards einzuordnen.

---

[3]Siehe etwa die opponierenden Beiträge von Armborst (2019) und Milbradt (2019) in der Serie „Evaluation" der Bundeszentrale für politische Bildung.

Entwicklungsstränge, Paradigmen und Ansätze der Evaluationsforschung

Die Evaluationsforschung stellt ohne Übertreibung einen Forschungszweig mit Tradition dar. Die ersten Evaluationsstudien als Instrumente zur Explikation sowie Generierung von Erfahrungswissen und dessen Bewertung anhand methodisch festgelegter Kriterien wurden bereits im 19. Jahrhundert in den USA und Großbritannien durchgeführt. Im „Zeitalter der Reformen" (1792–1900) wurden zahlreiche Programme zur Einführung von sozialen Innovationen umgesetzt, deren Bewertung – nach der ersten, „impressionistischen" Phase – mit standardisierten Datenerhebungsverfahren und experimentellen Methoden einherging (Madaus und Stufflebeam 2000, S. 4). Es seien an dieser Stelle die Evaluationsforschungen von Joseph Rice zwischen 1887 und 1898 genannt. Darauf folgten etwa im exponierten Bildungs- und Erziehungsbereich, in dem eine der wichtigsten Wurzeln von Evaluationen liegt, mindestens fünf weitere Phasen mit ihren jeweiligen wissenschaftlichen und evaluationstheoretischen Schwerpunktsetzungen (Madaus et al. 2000):

1. Im „Zeitalter der Effizienz und Testung" (1900–1930) spielte der Gedanke des wissenschaftlichen Managements (vgl. Taylorismus) eine herausragende Rolle, weshalb Systematisierung, Standardisierung und Effizienzsteigerung von Bildungsprogrammen befördert und ihre Performanz mit begleitenden Tests untersucht wurden.
2. Der Zeitraum zwischen 1930 und 1945 stand unter dem Einfluss des „Vaters der Bildungsevaluation" und Begründers der Programmevaluation, Ralph W. Tyler, dessen Beitrag zur Outcome-Forschung kaum zu überschätzen ist. Im Gegensatz zum experimentellen Forschungsdesign von etwa Rice fokussierte dieses Evaluationsverfahren Programmziele sowie Effekte und legte den

M. Logvinov, *Evaluation und Radikalisierungsprävention*, essentials, https://doi.org/10.1007/978-3-658-34130-5_2

Schwerpunkt auf den Vergleich von intendierten und tatsächlich erreichten Zielen.

3. Die nächste Phase (etwa 1946 bis 1957) zeichnete sich eher durch eine „Ignoranz" im Hinblick auf die Evaluation sozialpolitischer Maßnahmen und durch eine vermehrte Standardisierung sowie „Technologisierung" der Testverfahren im psychologischen und pädagogischen Bereich, aber auch durch die Manualisierung des Ansatzes von Tyler aus.

4. Ab Ende der 1950er bis Anfang der 1970er Jahre erfuhr die angelsächsische Evaluationsforschung einen bis dahin nicht gekannten Entwicklungsschub, der mit der Ausweitung und Umsetzung von Bildungs- und Wohlfahrtsprogrammen einherging. Infolge dieser Entwicklung entstand ein millionenschwerer Markt für Evaluationen von sozialen Dienstleistungsprogrammen. „Das ‚Evaluationsbusiness' wurde zu einer Wachstumsindustrie" (Stockmann 2004, S. 24 f.). Bereits Anfang der 1960er Jahre kritisierte etwa Lee J. Cronbach die Oberhand von Tests und experimentellen Methoden in summativen[1] Programmevaluationen, die dazu führten, dass die Evaluationsergebnisse keine Relevanz für die Gestaltung sowie Optimierung von Programmen und Curricula-Entwicklung aufwiesen, und formulierte sein anwendungsorientiertes Evaluationsverständnis (Cronbach 1982). Nach der teils massiven Kritik seitens des „Phi Delta Kappa National Study Committee on Evaluation" entstand Ende der 1960er Jahre eine Reihe neuer Bewertungsverfahren und -modelle.

5. Mit steigenden Erwartungen der Beteiligten und Betroffenen an Evaluationsstudien setzte ab Anfang der 1970er bis Anfang der 1980er Jahre das „Zeitalter der Professionalisierung" ein. Infolgedessen wurden Fachperiodika und -gremien etabliert; Universitäten boten Kurse an; es entstanden dezidierte Evaluationstheorien und -standards. Zugleich wurden die bis dahin erarbeiteten Verfahren und Ansätze weiterentwickelt bzw. einer kritischen Prüfung unterzogen, sodass lebendige Diskussionen und eine Methodenvielfalt die Evaluationsforschung der 1980er Jahre prägten. Als Begleiterscheinung dieses Ausdifferenzierungsprozesses wird in der Literatur ein „Kalter Krieg der Paradigmen" beschrieben, der aus verschiedenen erkenntnistheoretischen und methodologischen Standpunkten resultierte und eine Zeit lang die Auseinandersetzung mit der Programmevaluation prägte (Lee 2004, S. 150 f., Madaus und Stufflebeam 2000, S. 4).

---

[1]„When the cook tastes the soup that's formative, when the guests taste the soup that's summative" (Scriven 1991, zit. nach: Herrmann und Müller 2019, S. 95).

Insgesamt wurde die zeitgenössische Evaluationsforschung im Hinblick auf welt-anschauliche und erkenntnistheoretische Wurzeln von mindestens vier Trends geprägt: dem mehr oder minder radikalen Rationalismus der 1960er Jahre und dem Experimentalgedanken der evidenzbasierten Forschung der 1980/1990er Jahre, dem pluralistisch-dialogischen Ansatz der 1970/1980er Jahre und dem neo-liberalen (Steuerungs-)Konzept (Vedung 2010, vgl. Dollinger 2018a). Diese Trends lassen sich anhand einer paradigmenorientierten Systematisierung der Evaluationsverfahren veranschaulichen.

Evaluationsparadigmen entstanden einerseits in bestimmten sozialen und wissenschaftshistorischen Kontexten, andererseits waren die jeweiligen Evaluationskonzepte in den methodischen Traditionen einzelner Disziplinen verwurzelt (Alkin 2012). So verwundert es kaum, dass Tests sowie Messungen der Zielerreichung und (Quasi-)Experimente in pädagogischen und psychologischen Verfahren ihren Ursprung hatten (Mertens 2004, S. 46). Evaluationskonzepte waren zugleich durch bestimmte erkenntnistheoretische Annahmen geprägt.

Der *Empirismus* und *Positivismus* postulierten etwa das Vorhandensein einer objektiven Realität, die Objektivität und Neutralität der Wissenschaft und verfolgten daraus resultierend einen methodischen Rigorismus (Lee 2004, S. 151; Stockmann 2007, S. 42). Im Gegensatz zu realistischen Forschungen streb(t)en die positivistisch orientierten Evaluationen ein von intervenierenden (Dritt-)Variablen befreites Setting an, in dem ein Ursache-Wirkung-Zusammenhang möglichst präzise eruiert werden soll(te).[2] In der Evaluationsforschung ließen sich vor allem die Arbeiten zu (quasi-)experimentellen Designs von Donald T. Campbell dieser Tradition zuordnen. Als Angehöriger der Sozialindikatorenbewegung hegte Campbell das Ideal einer experimentierenden Gesellschaft und deutete in diesem Kontext soziale Innovationen als Feldversuche, bei denen die Testung von Interventionen unter methodisch kontrollierten Bedingungen einen Kausalzusammenhang zwischen ergriffenen Maßnahmen und ihren Wirkungen offenlegen sollte (Giel 2013, S. 63 f.).

Im *interpretativen/konstruktivistischen* Paradigma wird die vermeintlich objektive Realität als Konstruktion verschiedener konkurrierender Perspektiven aufgefasst (bspw. Egon Guba, Yvonna Lincoln u. a.). Bei der Evaluation wurden daher vor allem die Standpunkte, Werte, Bedürfnisse und Interessen der Betroffenen und Beteiligten betont, die mit nur quantitativen Methoden kaum zu

---

[2]Die randomisierten Experimente gelten in diesem Paradigma als Königsweg.

erfassen wären (Stockmann 2004, S. 43). So hat Robert Stake in seiner responsiven Evaluationsforschung[3] den Methodenpluralismus und die Aushandlung von Methoden mit Betroffenen und Beteiligten favorisiert, um die Auswirkungen der Programmaktivitäten möglichst vielseitig zu untersuchen.

Das *emanzipatorische/transformative Evaluationsparadigma* rückt bei der Bewertung sozialer Innovationen vor allem jene Faktoren in den Vordergrund, die auf verschiedene soziale Realitäten der Betroffenen Einfluss nehmen. Es handelt sich unter anderem um soziale, wirtschaftliche, politische oder etwa genderbezogene Variablen, die die jeweiligen Gruppen charakterisieren. In diesem multifaktoriellen Setting bestünde die Rolle der Evaluation darin, mit unterschiedlichen sozialen Gruppen zu interagieren und mittels Methodenpluralismus die Diversität sowie die Stimmen der „Erniedrigten und Beleidigten" einzufangen, um Machtungleichgewichte und Ungleichheiten bei der Gestaltung und Umsetzung von sozialen Innovationen aufzuzeigen (vgl. Lee 2004, S. 151).

Das *anwendungsorientierte (auch nutzen- oder nutzungsorientierte)* Paradigma reagierte demgegenüber auf die Beobachtung der Evaluationspraxis, der zufolge eine unübersehbare Lücke zwischen den Evaluationsergebnissen und ihrem Mehrwert für die jeweiligen Zielgruppen klaffte. Es zeigte sich, dass etwa Entscheidungen über die (Nicht-)Fortführung von Programmen anhand abweichender, von den Evaluationen nicht zwingend hervorgehobenen Kriterien gefällt wurden (Giel 2013, S. 73; Astbury 2017, S. 226). Daraus schlussfolgerte etwa Michael Q. Patton, dass anscheinend Diskrepanzen zwischen den Nutzenerwartungen sowie Nutzungsabsichten der Stakeholder und dem Erkenntnisinteresse sowie der exklusiven Methodenauswahl der Evaluierenden vorlagen (Beywl und Giel 2012, S. 101). Daraus resultierte ein pragmatischer Evaluationsansatz, dessen Schwerpunkt auf dem beabsichtigten Gebrauch durch vorgesehene Nutzer liegt.[4] Dabei spielt es keine Rolle, welcher Zweck (formativ, summativ), welche Datenerhebungsverfahren (quantitativ, qualitativ, gemischt) und welcher Fokus

---

[3] „A responsive evaluation is a search and documentation of program quality. The essential feature of the approach is a responsiveness to key issues or problems, especially those recognized by people at the site. It is not particularly responsive to program theory or stated goals but more to stakeholder concerns. Its design usually develops slowly, with continuing adaptation of evaluation goal-setting and data-gathering in pace with the evaluators becoming well acquainted with the program and its contexts" (Stake 2003, S. 63).

[4] „*Utilization-focused program evaluation* (as opposed to program evaluation in general) is evaluation done for and with specific intended primary users for specific, intended uses. [...] Utilization-focused evaluation is concerned with how real people in the real world apply evaluation findings and experience the evaluation process. Therefore, the focus in utilization-focused evaluation is on intended use by intended users" (Patton 2003, S. 224, 223).

einer Evaluation zugrunde liegt – alle Entscheidungsprozesse über diese Aspekte erfolgen in Kooperation mit klar definierten Nutzergruppen.[5]

Im Gegensatz zu rein prozess- und ergebnisorientierten Ansätzen konzentriert sich die *Evaluation der Programmintegrität* bzw. -qualität auf die Ebenen der Interventionskonzepte, der Programmdauer und -intensität, der Ressourcen und des Verhältnisses zwischen Interventionen, Intervenierenden und Klienten (Quay 1977). So lässt etwa das 2005 aus „Correctional Program Assessment Inventory – 2000" hervorgegangene Instrument „Evidence-Based Correctional Program Checklist" fünf Programmbereiche anhand von 73 evidenzbasierten Indikatoren auf ihre Übereinstimmung mit den empirisch fundierten Qualitätsstandards untersuchen.[6]

Es sei darauf hingewiesen, dass der paradigmenorientierte Systematisierungsversuch von mindestens zwei Dutzend Evaluationsansätzen[7] – unter anderem zielorientierte, managementorientierte, konsumentenorientierte, expertenorientierte

---

[5]Voraussetzungen und die Logik der nutzenorientierten Evaluationsforschung wird wie folgt umrissen: „In any evaluation there are many potential stakeholders and an array of possible uses. Utilization-focused evaluation requires moving from the general and abstract, i. e., possible audiences and potential uses, to the real and specific: actual primary intended users and their explicit commitments to concrete, specific uses. The evaluator facilitates judgment and decision-making by intended users rather than acting solely as a distant, independent judge. Since no evaluation can be value-free, utilization-focused evaluation answers the question of whose values will frame the evaluation by working with clearly identified, primary intended users who have responsibility to apply evaluation findings and implement recommendations. In essence, utilization-focused evaluation is premised on the understanding that evaluation use is too important to be merely hoped for or assumed. Use must be planned for and facilitated" (Patton 2003, S. 223).

[6]„The CPC comprises five domains (compared to the CPAI's six domains) and splits the domains into two basic areas. The first area, capacity, measures the degree to which a program has the ability to offer evidence-based interventions. The domains in this area are program leadership and development, staff characteristics, and quality assurance. The second area of the CPC, content, assesses the extent to which a program adheres to the RNR principles, and consists of an offender assessment and a treatment characteristics domain. [...] Since 2005, when the CPC was developed, the general CPC tool has been adapted to assess specific types of programs that have their own subset of research within the broader context of correctional treatment programs. These adaptations include assessments for Community Supervision Agencies (CPC-CSA), general correctional treatment groups (CPC-GA), and Drug Court programs (CPC-DC)" (Duriez et al. 2018, S. 8 ff.).

[7]Vor 20 Jahren identifizierte Stufflebeam (2000) in seiner lesenswerten Abhandlung etwa 22 Evaluationsansätze: (1) Public Relations-Inspired Studies, (2) Politically Controlled Studies, (3) Objectives-Based Studies, (4) Accountability, Particularly Payment By Results Studies, (5) Objective Testing Programs, (6) Outcomes Evaluation As Value-Added Assessment, (7) Performance Testing, (8) Experimental Studies, (9) Management Information Systems, (10) Benefit-Cost Analysis Approach, (11) Clarification Hearing, (12) Case Study Evaluations,

und partizipative Ansätze – nur eine idealtypische Annäherung an die jeweiligen Evaluationsmethodologien ermöglicht.[8] Zugleich wird aber bereits auf der höchsten Abstraktionsebene deutlich, dass die angesprochenen Forschungstraditionen jeweils unterschiedliche Schwerpunkte bzw. Ebenen fokussieren und teils abweichende Hauptziele – bspw. Erkenntnisse, Bewertung, Kontrolle, (Weiter-)Entwicklung, Legitimation – verfolgen, wobei sie unterschiedlichen Evaluationsschulen anhängen und verschiedene Rollenmodelle – Datensammlung, Beobachtung, Urteilsbildung, Moderation – voraussetzen (Scriven 1983; Stockmann 2007, S. 44 f.).[9] Zielorientierte oder diskrepanzorientierte Ansätze folgen einer anderen Logik als „zielfreie" Verfahren oder dezidierte Wirkungsevaluationen; methoden- oder mechanismenorientierte Forschungen dienen einem anderen Zweck als Evaluationen, die sich einer Sozialagenda verschreiben, und entscheidungs- sowie rechenschaftsorientierte Evaluationen nehmen teils andere Zielgruppen in den Blick als die konsumentenorientierte Forschung.

Die vielfältigen Zielsetzungen und Verfahren von Evaluationen lassen sich abschließend mithilfe des bekannten Evaluationstheorie-Baums von Askin und Christie (2012, S. 13 ff.) systematisieren – mit ihren „Wurzeln" bzw. Grundlagen *(Rechenschaftslegung/Kontrolle, Sozialforschung* sowie *Epistemologie)* und drei „Ästen" bzw. Evaluationstraditionen, denen teils abweichende Schwerpunktsetzungen zugrunde liegen:

1. *Nutzung/Nutzen*[10] (bspw. CIPP-Modell von Daniel L. Stufflebeam, Discrepancy Evaluation von Malcolm M. Provus, Utilization-Focused sowie

---

(13) Criticism and Connoisseurship, (14) Program Theory-Based Evaluation, (15) Mixed-Methods Studies, (16) Decision/Accountability-Oriented Studies, 17) Consumer-Oriented Studies, (18) Accreditation/Certification Approach, (19) Client-Centered Studies (or Responsive Evaluation), (20) Constructivist Evaluation, (21) Deliberative Democratic Evaluation, (22) Utilization-Focused Evaluation.

[8] Vgl. die systematische Darstellung der Evaluationstypen bei Widmer und de Rocchi (2012, S. 51).

[9] Dollinger (2018a) unterscheidet in seinem lesenswerten Beitrag zwischen drei übergeordneten Paradigmen der wirkungsorientierten Evaluation: evidenzbasierte, generative und performative Kausalitätsforschung.

[10] „The use branch began its growth with what are often referred to as 'decision-oriented theories.' Decision-oriented theorists felt it was critical to conduct evaluations that were designed specifically to assist key program stakeholders in program decision making. Such stakeholders are most often those that commission the evaluation. Stufflebeam's CIPP model is one of the most well-known of these theories. Based on empirical knowledge, utilization theorists built on the notions put forth in decision-oriented theories. This class of theories is concerned with designing evaluations that are intended to inform decision making, but it

Developmental Evaluation von Michael Q. Patton, User-Oriented Evaluation von Marvin C. Alkin);

2. *wissenschaftliche Methoden* der Wissensgenerierung und Bewertung[11] (bspw. Objectives-Oriented Evaluation in der Tradition von Ralph W. Tyler, das experimentelle Paradigma in der Tradition von Donald T. Campbell und Lee J. Cronbach sowie Theory-Driven Evaluation von Huey T. Chen) und

3. *Bildung von Werturteilen*[12] (bspw. Goal-Free Evaluation von Michael J. Scriven und Fourth Generation Evaluation von Egon G. Guba und Yvonna S. Lincoln)[13].

Trotz Unterschiede beanspruchen die meisten Konzeptionen und Verfahren zugleich für sich, mehr oder minder evidenzorientiert zu sein und Effekte von Programmen sowie Projekten – (nicht-)intendiert, (nicht-)antizipiert, positiv/negativ, (nicht-)expliziert, positiv/negativ – offenzulegen.

---

is not their only function to ensure that evaluation results have a direct impact on program decision making and organizational change" (Alkin und Christie 2012, S. 44).

[11] „In the beginning, there was research. And the methods of research dominated the conduct of studies. While most evaluation theorists have methodological concerns and view research as the genesis of program evaluation, one group of theorists has been steadfast in clinging to that orientation. In the social sciences and psychology, this emphasis on research depends on well-designed experimental studies and other controls. Fundamental to these theories are the early work of Donald Campbell [...] and, in particular, the more popular Campbell and Stanley volume (1966), which defines the conditions for appropriate experimental and quasi-experimental designs" (Alkin und Christie 2012, S. 17).

[12] „Out of the trunk of social inquiry has grown a branch of evaluators who focus on concerns related to valuing or the making of judgments. Theorists on this branch believe that what distinguishes evaluators from other researchers is that evaluators must place value on their findings and, in some cases, determine which outcomes to examine" (Alkin und Christie 2012, S. 32).

[13] Michael Scriven versteht Evaluation als die Wissenschaft von der Werturteilsbildung nach dem Motto: „Bad is bad and good is good and it is the job of evaluators to decide which is which" (zit. nach: Alkin und Christie 2012, S. 32).

Die blinden Männer und der Elefant, oder: *What works?*

Im Zusammenhang mit der Evaluation von Programmen stellt sich in der Tat die Frage nach Evaluationsgegenständen.[1] Man stelle sich als Beispiel ein staatlich gefördertes Mehrsäulen-Programm (der Extremismusprävention) vor, das auf mehreren Ebenen auf bestimmte Weise *wirken* soll. In seinem Rahmen werden verschiedene Projekte/Aktivitäten von unterschiedlichen Trägern, aber auch Kooperationsformate zwischen Verwaltungen und zivilgesellschaftlichen Akteuren sowie Partizipationsformate für bestimmte Betroffene gefördert. Welche Evaluationsebenen lassen sich bei dem genannten Setting identifizieren und wie lassen sich die intendierten Wirkungen des besagten Programms offenlegen oder auch nicht? Diese Frage ist mit zwei weiteren Fragestellungen verwoben: Was sind die zugrunde liegenden Untersuchungsebenen und welche Art von Kausalitäten liegt dem Beurteilungsprozess zugrunde?

Zunächst einmal bedarf es wirtschaftlicher Informationen für Audit, Controlling und Effektivitätsmessung. Des Weiteren sind statistische Daten über Projekte, Träger und Aktivitäten notwendig, die im Rahmen des Programm-Monitorings generiert werden. Natürlich sind die Zielsetzungen des Programms und die Zielerreichung zu überprüfen. Die Diskrepanz zwischen den Programmstandards als Soll-Zustand und den Methoden als Wegen der Zielerreichung spielt ebenfalls eine wichtige Rolle. Darüber hinaus sind Effekte jenseits der deklarierten Ziele von Belang, denn ein Programm kann zwar seine angekündigten Ziele – bspw. den Ausbau einer Infrastruktur für die jeweiligen sozialen Innovationen und die

---

[1] Wie im bekannten Gleichnis „Die blinden Männer und der Elefant" drängt sich bei einer Betrachtung der gegenwärtigen Diskussion der Evaluationsansätze der Gedanke auf, dass je nach Forschungsgegenstand und -paradigma verschiedene Methoden und Regeln der Evidenzschaffung ohne Berücksichtigung anderer Methoden und Evidenzen zum Einsatz kommen bzw. favorisiert werden.

M. Logvinov, *Evaluation und Radikalisierungsprävention*, essentials, https://doi.org/10.1007/978-3-658-34130-5_3

Vernetzung der Träger – erreichen, aber dennoch eine eher geringe Verbesserung der Lage bewirken oder nicht intendierte negative Effekte hervorrufen (bspw. Verdrängung, innovative Anpassung). Hier ist ein Blick auf die Betroffenen bzw. Zielgruppen von Interventionen zu werfen und zu klären, ob, inwiefern und wie diese erreicht werden (können).

Des Weiteren stellt sich die Wirksamkeitsfrage, die unter verschiedenen kausalen Blickwinkeln betrachtet werden kann. Bei der Untersuchung von internen Wirkungsfeldern werden die Programminterventionen – bspw. die Schaffung von Akzeptanz des Programms, Zurverfügungstellung finanzieller und technischer Mittel, (Weiter-)Qualifizierung des Personals, Optimierung der Kooperation und Kommunikationskanäle – als unabhängige Variable und die Organisationselemente als abhängige Variable behandelt, „um zu prüfen, ob die Interventionen (Inputs) – unter gegebenen Rahmenbedingungen – auf den verschiedenen Dimensionen der Durchführungsorganisation Veränderungen bewirkt haben" (Stockmann 2007, S. 53). Ist dies der Fall, stellt der Auf- bzw. Ausbau der Infrastruktur für die Zurverfügungstellung sozialer Innovationen einen (internen) Programmoutput dar.[2]

Anschließend lassen sich die jeweiligen Programmoutputs als unabhängige Variablen und die Veränderungen in den externen Bereichen jenseits der Trägerlandschaft als abhängige Variablen betrachten. „Die Diffusionswirkungen der Durchführungsorganisation in diesen, zu spezifizierenden (externen) Bereichen, die mit Hilfe von Indikatoren gemessen werden können, werden dann zum Maßstab für die Effektivität der Durchführungsorganisation" (Stockmann 2007, S. 53). Die Aufgabe verkompliziert sich, wenn man verschiedene Phasen als Evaluationsgegenstände anvisiert – ex ante bzw. präformativ (Input), formativ (Durchführungsqualität) und ex post bzw. summativ (Output/Outcome/Impact). Da die linearen Kausalitätsvermutungen bekanntlich hinken, lassen sich komplexe Programme/Projekte nur dann kausal zufriedenstellend beurteilen, wenn entsprechende Wirkmechanismen und stakeholderspezifische Wirkungsketten, deren Summe ein Wirkungsmodell mit intendierten und nicht-intendierten Wirkungen ergibt, abbildbar sind.

Was ist also das „What" in „What works"? Es können unterschiedlich gelagerte – interne oder externe – Wirkungen von Programmen, Projekten, Interventionen, Maßnahmenbündeln, aber auch Präventionsmechanismen sein. So richten die mechanismischen Ansätze ihr Augenmerk auf diese Untersuchungsebene,

---

[2]Eine der Koryphäen auf dem Gebiet der wissenschaftlichen Begleitung, Irina Bohn (1997, S. 64), beschrieb diesen Aspekt bspw. im Blick auf das AgAG-Programm mit den Worten: „Um komplexe Problemzusammenhänge zu bearbeiten, wird eine besondere Organisationsstruktur benötigt".

da Mechanismen als Bindeglieder zwischen den ergriffenen Maßnahmen und zugrunde liegenden Handlungstheorien (implizite/explizite Annahmen und Hypothesen) fungieren, Generalisierungsregeln bieten und es ermöglichen, alternative Erklärungen auszuschließen (Eck 2009, S. 101 f.).

Zum Verhältnis von Mücken und Mückenstichen, oder: *Nothing works?*

4

Nicht minder facettenreich ist die Frage nach den Effekten und Wirkungsgraden der sozialen Interventionen. Auf der Ebene der Effekte lassen sich der Output als die durch den Evaluationsgegenstand erbrachte Leistung (bspw. Maßnahmen zur Aufklärung), das Outcome als der bei den primären Zielgruppen unmittelbar auftretende Effekt (bspw. Kompetenzsteigerung) und Impact als mittelbarer Effekt jenseits der direkten Adressaten der Interventionen (bspw. soziale Diffusionseffekte) unterscheiden (vgl. die Resultate- bzw. Wirkungs-Treppe[1]). Die Erforschung von kausal auf eine Intervention rückführbaren Effekten stellt den Gegenstand der Wirkungsevaluation dar (Widmer 2012, S. 43), wobei *Wirkungsevaluation = Kausalanalyse + normative Bewertung der Effekte* (Treischl und Wolbring 2020, S. 30).

Diese Forschungsrichtung wird bereits seit Jahrzehnten von einer Diskussion über die Vor- und Nachteile der experimentellen Designs überlagert. Während das Experiment bzw. randomisierte, kontrollierte Studien (RCT) von den „Positivisten" als Goldstandard gepriesen werden, stellen die „Realisten" diese Methode in

---

[1] (1) Aktivitäten finden planmäßig statt (Output I), (2) anvisierte Zielgruppen sind erreicht (Output II), (3) Zielgruppen akzeptieren Angebote (Output III), (4) Wissen/Einstellungen/Fähigkeiten/Werte verändern sich (Outcome I), (5) Zielgruppen ändern ihr Handeln (Outcome II), (6) Veränderung der Lebenslagen (Outcome III), (7) Einwirkung auf das soziale Umfeld (Impact) (Beywl 2016, S. 145).

„Zum Verhältnis von Mücken und Mückenstichen": Diese pointierte und teils ironische Beschreibung eines Wirkungszusammenhangs geht auf den Evaluationstheoretiker Michael Scriven zurück: „Causation. The relation between mosquitoes and mosquito bites. Easily understood by both parties but never satisfactorily defined by philosophers and scientists" (Scriven 1991).

© Der/die Autor(en), exklusiv lizenziert durch Springer Fachmedien Wiesbaden GmbH, ein Teil von Springer Nature 2021
M. Logvinov, *Evaluation und Radikalisierungsprävention*, essentials,
https://doi.org/10.1007/978-3-658-34130-5_4

wenig formalisierten Settings infrage (Bischoff et al. 2018; Lüders und Haubrich 2007). Auch in der Radikalisierungsprävention führen „Evaluationsschulen" die Debatte über die Plausibilität von Wirksamkeitsmessungen aus (Armborst et al. 2018).

Des Öfteren wird in der Diskussion auf das ethische Dilemma des Verfahrens verwiesen: Das Vorenthalten von Interventionen sei mit Blick auf die Teilnehmer*innen der Kontrollgruppe untragbar. Tatsächlich sind die forschungsethischen Fragen von großer Relevanz, und zwar bei der Auswahl der Interventionen selbst, bei deren zufallsgesteuerter Zuweisung, bei der Erhebung und Aufbewahrung von Daten sowie bei der Auswertung und Publikation der Ergebnisse (Eisner et al. 2012, S. 89). Zugleich sind die Experimentalmethoden nicht nur legitim, sondern auch geboten, identifizieren sie doch am ehesten evidenzbasiert wirksame Interventionen. Jenseits der allgemein geführten Diskussion in der Radikalisierungsprävention gilt es daher, sich auf mögliche methodische Umsetzungswege und Bedingungen zu einigen. Denn einerseits eignen sich RCT „bei gut isolierbaren Einzelinterventionen für den Nachweis von unmittelbaren Effekten und weniger für den Nachweis komplexer Wirkungsgefüge" (Widmer 2012, S. 45). Andererseits sind die angesprochenen ethischen Bedenken auch eine Frage der Methodik. So ließe sich das ethische Dilemma unter besonderer Berücksichtigung des Risikomanagements methodisch bspw. durch den sogenannten Pipeline-Ansatz lösen: „Bei diesem erhalten alle Personen einer bestimmten Zielgruppe die Möglichkeit zur Interventionsteilnahme. Vor Beginn der Maßnahme wird die gesamte Zielgruppe zufällig in Teilgruppen gesplittet, von denen (zumindest im Zweigruppenfall) eine Gruppe die Intervention zum Zeitpunkt t_1 erhält und die andere zu diesem Zeitpunkt als Kontrollgruppe fungiert. Letztere erhält die Maßnahme dann später zum Zeitpunkt t_2, wenn das Experiment bereits abgeschlossen ist" (Müller 2017, S. 209). Auch quasi-experimentelle bzw. Vergleichsgruppendesigns lassen sich fruchtbar einsetzen, wenn die Evaluierenden mögliche Selektionsfehler kontrollieren und reduzieren (Müller 2017, S. 210). Stockmann (2006, S. 231 ff.) betonte etwa, dass die experimentellen Designs in der Evaluationsforschung wegen einer Reihe von methodischen Problemen und prinzipiellen Bedenken[2] die in sie gesetzten Erwartungen nicht erfüllen konnten, und plädierte für die quasiexperimentelle Untersuchungsanordnung mit Vergleichsgruppen.

Die mit der RCT-basierten Wirkungsevaluation – im Gegensatz zu „White-Box-" oder „Clear-Box-Evaluationen" despektierlich „Blackbox-Evaluationen"

---

[2]Bspw. für die Analyse komplexer Phänomene kaum geeignet, ahistorisch, dominante Orientierung an der internen Validität.

genannt – verbundenen Probleme liegen eher eine Ebene tiefer. Da es bei diesem Verfahren darum geht, einen kausalen Einfluss der jeweiligen Intervention auf den Soll-Zustand nachzuweisen, neutralisieren RCT intervenierende (Dritt-)Variablen bzw. Störvariablen, um im Endergebnis sequenzielle, dekontextualisierte, apersonale und auf allgemeine Gesetzmäßigkeiten hin ausgerichtete Kausalitäten offenzulegen (Dollinger 2018a, S. 248 f.). Soziale, temporale und andere Kontexte werden in der Regel methodisch isoliert, sodass „lediglich" eine Aussage darüber möglich wird, was bei der Behandlung der Beteiligten passiert – löst die Intervention einen Effekt aus? Wie, warum und unter welchen Umständen der vermutete Wirkmechanismus greift, bleibt nicht selten offen (Guerette 2009, S. 33 f.; Dollinger 2018b, S. 195). Somit adressieren die „Blackbox-Evaluationen" kaum die Interventions*mechanismen* und *-kontexte*:

> „Die randomisierte Zuweisung von Personen in Experimental- und Kontrollgruppen und die mit ihr assoziierte Kontrolle von Umweltbedingungen bzw. möglichen Störvariablen sollen gewährleisten, dass sich im Sinne interner Validität tatsächlich die unabhängige Variable auswirkt und nicht etwas Anderes, evtl. Unentdecktes. Personen müssen – mit Ausnahme der sich (potentiell) auf die abhängige Variable auswirkenden Merkmale – austauschbar sein. Ausschlaggebend sind Personen als Träger prädefinierter Merkmale in einem linear ablaufenden Prozess. Kausalität zeigt sich als probabilistische Potenz (mindestens) einer unabhängigen Variable systematisch auf eine abhängige Variable einzuwirken […]. Kausalität wird somit als sequentielles Auftreten von Ereignissen (un-/abhängigen Variablen) identifiziert, wobei eine unabhängige Variable einen (möglichen) Wirkfaktor repräsentiert. Wirkfaktoren, die nicht direkt beobachtbar oder messbar sind, müssen ebenso ausgeschlossen werden wie Interaktionen von Wirkfaktoren mit spezifischen Umweltbedingungen. Experimentelle Designs […] verweisen auf das Zusammenwirken atomistisch konzipierter Elemente (ähnlich wie im Falle eines Uhrwerks) außerhalb der Reflexionen und des bewussten Handelns von Akteur*innen und ihrer spezifischen Umwelt" (Dollinger 2018a, S. 248 f.).

Trotz beachtlicher interner Validität (Variation der abhängigen Variable)[3] bleibt die externe Validität (Übertragbarkeit auf andere Kontexte)[4] solcher Verfahren wenig evidenzbasiert und die Frage nach ähnlichen Effekten bzw. ihren Differenzen in verschiedenen Settings bleibt offen – ganz im Einklang mit der Validitätspriorisierung von Campbell und Stanley (1963, S. 5). Es versteht sich

---

[3] „Did the experimental treatment make a difference in this specific experiment?" (Campbell und Stanley 1963, S. 5).

[4] „To what populations, setting, treatment variables and measurement variables can this effect be generalized?" (Campbell und Stanley 1963, S. 5).

allerdings von selbst, dass die Frage „Was wirkt?" ohne kontextabhängige Wirkungsanalyse – Was wirkt wie, unter welchen Umständen und bei wem? – nicht zufriedenstellend beantwortet werden kann. Zumal viele Programme und Projekte multimodal ausgerichtet sind. Daher streben die „Realisten" eine Art Katalogisierung verschiedener Kontexte an. Die Kritik am Konstrukt der internen Validität als conditio sine qua non in der Evaluationsforschung kam von Cronbach (1982, S. 314): „Internal validity [...] is not of salient importance in an evaluation. What counts in evaluation is external validity". Es sind mindestens vier Faktorengruppen zu unterscheiden, die einen Einfluss auf die Effekte von Interventionen ausüben (Farrington et al. 2017, S. 64):

1. Programmfaktoren (bspw. Inhalte, Methoden, Intensität, Umsetzungsqualität);
2. Kontextfaktoren (bspw. Kompetenzen/Motivation/Professionalität der Mitarbeiter*innen; Schwerpunkte, Mitarbeiter*innen-Klient*innen-Verhältnis, weitere Mitwirkende);
3. adressat*innenbezogene Faktoren im Sinne der Co-Produktion[5] (bspw. Zielgruppen, Motivation, Risikolevel, Alter);
4. Evaluationsmethoden (bspw. Qualität des Evaluationsdesigns, Kenntnis der Programme/Praxis, Selbst- und/oder Fremdevaluation).

Die *Co-Produktion* als „strukturelles Technologiedefizit" der Radikalisierungsprävention erschwert eine Vorhersage und/oder einen Nachweis von Wirkungen im Zusammenhang mit dem methodischen Handeln der Leistungserbringer unter den sich wandelnden Kontext- und Rahmenbedingungen bzw. Konstellationen und Situationen der Fallbearbeitung (Herrmann und Müller 2019, S. 47 f.). Vor diesem Hintergrund sind über das ethische Dilemma hinaus noch weitere Hürden der RCT wie bspw. die Umsetzungstreue zu nennen. In diesem Zusammenhang sollte die Diskussion über die wirkungsorientierte Evaluation in der Extremismusprävention vertieft und die methodischen Umsetzungsmöglichkeiten der kontrollierten Wirkungsstudien sowie Feldversuche aufgezeigt werden (Eisner 2012).

---

[5]Vgl. zum systemischen Verständnis der Co-Produktion bei Then und Kehl (2015, S. 64).

Integrative Evaluationskonzepte

5

Die nachfolgenden Evaluationsansätze sollen beispielhaft die Wege aufzeigen, wie einerseits die Einseitigkeit verschiedener Evaluationstypen überwunden und andererseits die „Wirkungsblackbox" der kausalen Wirkungsforschung aufgebrochen werden können. Im ersten Fall handelt es sich um das CIPP-Modell von Daniel L. Stufflebeam. Im zweiten Fall wird die Logik der theoriebasierten Evaluationen von Programmen und Projekten der sozialen Interventionen geschildert.

5.1 Das CIPP-Modell der Evaluation

Das entscheidungsorientierte Evaluationsmodell von Stufflebeam entstand in den späten 1960er Jahren und hatte zum Ziel, einzelne Evaluationstypen – Kontext-, Input-, Prozess und Produktevaluation (dafür steht die Abkürzung „CIPP") – in ein integratives Modell für unterschiedliche Evaluationsgegenstände wie bspw. Programme, Projekte und Institutionen zu überführen (Stufflebeam 2003, S. 33). Rund um den inneren Kreis der zentralen Werte sind vier Schwerpunkte organisiert, die in verschiedene Evaluationskontexte reziprok eingebettet sind (Abb. 5.1). Die vom Autor ausgearbeiteten Checklisten und Fragestellungen[1] lassen sich im Rahmen einer Selbst- oder auch Fremdevaluation einsetzen (Stufflebeam 1983).

Die Kontextevaluation soll etwa dazu beitragen, Bedarfe der Zielgruppen, Ziele und den Output präformativ, formativ und/oder summativ zu spezifizieren. Im Rahmen der Inputevaluation geht es unter anderem um die Auswahl

---

[1]Vgl. CIPP Evaluation Model Checklist. A tool for applying the CIPP Model to assess long-term enterprises. Online abrufbar unter: https://wmich.edu/sites/default/files/attachments/u350/2014/cippchecklist_mar07.pdf (17. März 2007).

© Der/die Autor(en), exklusiv lizenziert durch Springer Fachmedien Wiesbaden GmbH, ein Teil von Springer Nature 2021
M. Logvinov, *Evaluation und Radikalisierungsprävention*, essentials,
https://doi.org/10.1007/978-3-658-34130-5_5

Abb. 5.1 Zentrale
Elemente des
CIPP-Modells. (Quelle:
Stufflebeam (2003, S. 33))

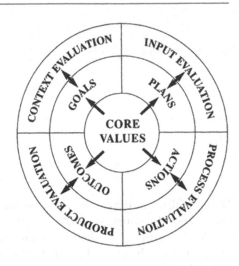

eines auf die spezifischen Ziele und Betroffenengruppen zugeschnittenen Ansatzes bzw. Handlungsplans, während die Prozessevaluation der Überwachung seiner Umsetzung, Effektivität und Dokumentation der Ergebnisse dient. Die Ergebnisevaluation befasst sich mit der Messung, Interpretation und Bewertung der jeweiligen Effekte. Stufflebeam (2003, S. 51 f.) betonte, dass die CIPP-Evaluation methodenpluralistisch sowie bei Bedarf vergleichend sein soll und über die explizierten Programmziele hinaus die Ebene der (nicht) intendierten Effekte zu berücksichtigen hat. Nach Kober (2020, S. 19) besteht eine der offensichtlichen Stärken des CIPP-Modells darin, dass es nicht nur die zeitlichen Abläufe eines Programms oder Projekts, sondern auch unterschiedliche Zielsetzungen und Perspektiven zu berücksichtigen vermag: „Besondere Stärken des CIPP-Modells liegen darin, dass es formative wie summative Aspekte der Evaluation umfasst und dabei möglichst viele tangierte und involvierte Stakeholder angesprochen und berücksichtigt werden".

5.2   (Programm-)Theoriegeleitete und Realistische Evaluationsverfahren

Der Begriff „Theorie" wird in der Evaluationsforschung unterschiedlich verwendet – im erkenntnistheoretischen Sinn, wenn bspw. für eine theoriebasierte Prävention und Evaluation als Mittel zur Falsifikation von wissenschaftlichen Theorien plädiert wird; als wissenschaftlich fundierte Theorie, die empirisch bewährte probabilistische Gesetze und Mechanismen benennt, oder im Sinne eines konzeptionellen Rahmens eines Programms/Projekts als Wirkungsvorstellung der Stakeholder (vgl. Coryn et al. 2011: 205, 212):

> „Evaluations which are based on program theory have two essential elements: an explicit model of the program (in particular, the mechanisms by which program activities are understood to contribute to the intended outcomes) and an evaluation which is guided by this model" (Rogers 2000, S. 209).

Beide letzteren Formen fallen im Idealfall gut informierter und wissenschaftlich fundierter Interventionen zusammen, „was jedoch in der Praxis eher die Ausnahme als die Regel ist" (Treischl und Wolbring 2020, S. 56).

Programme wie auch Projekte sind bekanntlich Handlungsmodelle, „die auf Erreichung bestimmter Ziele gerichtet sind, die auf bestimmten, den Zielen angemessenen erscheinenden Handlungsstrategien beruhen und für deren Abwicklung finanzielle, personelle und sonstige Ressourcen bereitgestellt werden" (Stockmann 2007, S. 24). Dementsprechend bezeichnet die Programm-Theorie (oder *Theory of Change,* ToC) einen Satz impliziter und expliziter Annahmen der Beteiligten darüber, welche Probleme durch die jeweiligen Maßnahmen gelöst und wie und warum diese Problemlagen durch die ausgewählten Interventionen effizient bearbeitet werden können (Chen 2012, S. 17). Eine Theory of Change stellt somit Annahmen und Hypothesen darüber dar, welche langfristigen Ergebnisse sich mit welchen Maßnahmen in welchen Kontexten (nicht) erzielen lassen.[2] Daraus ergibt sich ein dezidiertes Evaluationsverständnis:

> „The concept of grounding evaluation in theories of change takes for granted that social programs are based on explicit or implicit theories about how and why the program will work. [...] The evaluation should surface those theories and lay them out in as fine detail as possible, identifying all the assumptions and sub-assumptions built into the program. The evaluators then construct methods for data collection and analysis to track the unfolding of the assumptions. The aim is to examine the extent to which program theories hold. The evaluation should show which of the assumptions underlying the program break down, where they break down, and which of the several theories underlying the program are best supported by the evidence" (Weiss 1995, S. 66 f.).

---

[2]Vgl. Rauscher et al. (2015, S. 51): „Darunter wird nicht die Entwicklung einer Theorie im streng wissenschaftlichen Sinn verstanden, vielmehr geht es darum, Annahmen und Vermutungen über die Wirkungsweise einer Intervention, eines Programms mit *empirischen Befunden* und/oder *Theorien* zu begründen" [Hervorhebung durch den Verfasser].

Eine Theory of Change lässt sich analytisch in ein (1) *Change-Modell* mit kausalen Hypothesen bzw. eine Programm-Theorie im engeren Sinn (auch deskriptive Theorie genannt) und (2) ein *Action-Modell* bzw. eine Implementierungstheorie als Blaupause zur Planung von Ressourcen sowie zur Unterstützung von beteiligten Akteuren untergliedern (Blamey und Mackenzie 2007, S. 445). Beide Ebenen können alsdann in ein kausales logisches Modell bzw. in einen logischen Framework als innere Gestalt eines Programms bzw. einer Maßnahme und der damit zusammenhängenden Abläufe/Initiativen und Wirkmechanismen überführt werden (Yngborn und Hoops 2017, S. 352). Connell und Kubisch (1998, S. 19) beschrieben diesen Prozess wie folgt:

> „A theory of change approach would seek agreement from all stakeholders that, for example, activities A1, A2, and A3, if properly implemented (and with the ongoing presence of contextual factors X1, X2, and X3), should lead to outcomes O1, O2 and O3; and, if these activities, contextual supports, and outcomes all occur more or less as expected, the outcomes will be attributable to the intervention. Although this strategy cannot eliminate all alternative explanations for a particular outcome, it aligns the major actors in the initiative with a standard of evidence that will be convincing to them".

Die programmtheoriebasierte Evaluation nutzt die Change- und Action-Modelle, um die spezifischen Kontextfaktoren sowie planungs- und umsetzungsrelevante Fragestellungen zu adressieren, wobei die Wirkungsannahmen mittels verschiedener Kausallogiken – linear oder dynamisch – abbildbar sind. So identifiziert etwa Chen (2012, S. 18) Ziele und Outcomes, Determinanten, Mechanismen sowie Interventionen selbst als Bestandteile des Change-Modells und Organisationsstrukturen, Träger*innen, kommunale Partner*innen, Interventionsprotokolle, den sozioökologischen Kontext und Zielgruppen als Elemente des Action-Modells. Er sprach von einer theoriegeleiteten Prozessevaluation, einer Evaluation intervenierender sowie moderierender Mechanismen und einer integrativen Prozess-/Outcome-Evaluation. Des Weiteren kann zwischen einem *normativen* (bspw. Festlegung der Ziele, Treatments und Outcomes) und einem *kausativen* (bspw. Festlegung der ursachenorientierten Faktoren zur Erfassung der Kausaleffekte) Teil der Programmtheorie unterschieden werden (Treischl und Wolbring 2020, S. 57).

Ziel der Wirkungsmodelle im Rahmen der Programm- und Projektevaluation ist es, möglichst alle relevanten (potenziellen) Wirkungen und Wirkungszusammenhänge des jeweiligen Programms oder Projekts auf analytischer Ebene zu explizieren (vgl. Abb. 5.2). Ziele fungieren dabei als Entscheidungskriterien, die

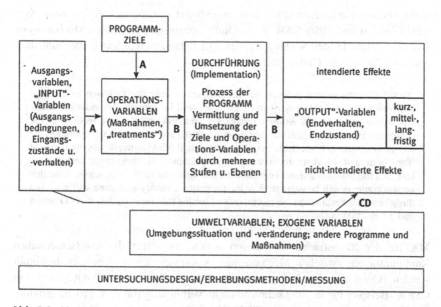

Abb. 5.2 Variablenmodell einer Evaluation. (Quelle: Kromrey (2007, S. 124); Legende: A = Orientierung an Ausgangs- („Input") und Sollzuständen („Ziele"), B = wirksame Maßnahmen, C = programmunabhängige Veränderungen, D = externe Effekte)

vor dem Hintergrund der begründeten Vermutungen und empirisch abgesicherten Theorien überprüft werden:

> „Dieses Denkmodell eines Wirkungsfeldes, die formale Darstellung einer Theorie des Handlungsprogramms und seiner Einbettung in soziale Realität, ist die Basis für die Entwicklung eines ‚maßgeschneiderten' Forschungsdesigns. Dieses Design soll einerseits unter methodologischen Gesichtspunkten möglichst hohen Standards der empirischen Wissenschaft genügen, zugleich aber untern der durch das Programm gesetzten Rahmenbedingungen realisierbar sein" (Kromrey 2007, S. 123 f.).

Das realistische Evaluationsverständnis mit dem Schwerpunkt generativer Kausalität[3] lässt sich im Vergleich zu theoriebasierten Kausalitätsforschungen weiter spezifizieren. Demnach sind Präventionsprogramme als Hypothesen über soziale

---

[3] „Übersetzt in das zugrunde gelegte Kausalitätsmodell werden Vorgaben der Evidenzbasierung deutlich kontrastiert. Wo diese auf die Beschreibung sequentieller Kausalität abstellt, insistiert die realistische Evaluation auf der theoretisch informierten Klärung generativer Mechanismen. Wirkungen werden nicht dekontextualisiert und apersonal entworfen, indem

Verbesserungen in bestimmte Kontexte eingebettet und zugleich Teile offener Systeme (Pawson und Tilley 2004, S. 3). Durch spezifische generative Mechanismen lösen sie in bestimmten Wirkungskontexten Effekte aus (context + mechanism = outcome, CMO; vgl. Gielen 2018: 464).

> „Identifying the crucial programme mechanisms is only the first step in a realist evaluation. It is also always assumed that they will be active only under particular circumstances, that is, in different contexts. Context describes those features of the conditions in which programmes are introduced that are relevant to the operation the programme mechanisms. Realism utilises contextual thinking to address the issues of 'for whom' and 'in what circumstances' a programme will work. In the notion 'context' lies the realist solution to the panacea problem. For realism, it is axiomatic that certain contexts will be supportive to the programme theory and some will not. And this gives realist evaluation the crucial task of sorting the one from the other" (Pawson und Tilley 2004, S. 7).

Mithilfe der Realistischen Evaluation sollen vor allem die unterschiedlichen Konfigurationen zwischen Mechanismen, Kontexten und Ergebnissen bestimmt werden (Context-mechanism-outcome pattern configuration, CMOCs; vgl. ein CMOC-Beispiel für IS-Rückkehrerinnen in Verbindung mit dem Pro-Integration-Modell von Barrelle bei Gielen (2018: 465 ff.)).

Verschiedene Ansätze und -modelle – Programmmodell und -baum bzw. Outcome-Hierarchie, ToC, Logframe Matrix (LFA), Logisches Modell, Realistische Evaluation – haben eine Reihe von konzeptionellen Überschneidungen. So beginnt die programmtheoriebasierte Evaluation in der Regel mit der Entwicklung eines Programm-Modells (vgl. Abb. 5.2 und 5.3):

> „Program theory evaluation most commonly begins with the development of a program model, which is then used to guide the evaluation. Sometimes, however, program theory evaluation follows an iterative process – cycling from collecting and analyzing data to building and revising the program model. […] Program models have at least three components: the program activities, the intended outcomes, and the mechanisms by which program activities are understood to lead to the intended outcomes. They may also have a fourth component: the contexts in which these mechanisms operate.

---

allgemeine Gesetzmäßigkeiten gesucht werden; intendiert ist die Rekonstruktion und Anerkennung komplexer Bedingungen, unter denen spezifische Maßnahmen kontextabhängige Wirkung entfalten. Sollen Maßnahmen generalisiert werden, so kann dies nicht alleine auf der Basis einer statistisch konzipierten Evidenz realisiert werden, da Befunde stets vorläufig sind. Fachkräfte werden nicht zu Anwendenden der Ergebnisse von Evaluationsstudien aufgefordert, sondern eigenständige Reflexionen anzustellen über die Möglichkeit, Maßnahmen unter spezifischen Rahmenbedingungen zu implementieren" (Dollinger 2018a, S. 8).

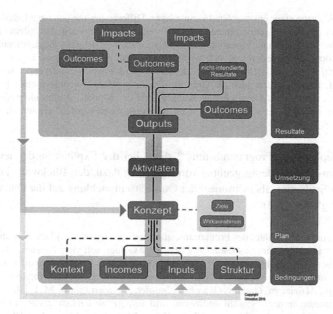

Abb. 5.3 Ein Programmbaum. (Quelle: Univation.org (Urheber: Wolfgang Beywl und Univation Institut für Evaluation))

The distinguishing characteristic of a program model is that it includes mechanisms" (Rogers 2000, S. 212).

Logische Modelle werden primär eingesetzt, um die linearen logischen Verbindungen zwischen den relevanten Strukturen und Ressourcen im Verhältnis zu den jeweiligen Zielen, jedoch nicht die impliziten Handlungstheorien bzw. Wirkmechanismen des Programms/Projekts, zu explizieren:

> „Diese Modelle basieren auf der zuvor gegebenen Definition, dass mit einem Programm auf der Grundlage ausgewiesener Ressourcen über aufeinander abgestimmte Aktivitäten bestimmte Ziele erreicht werden sollen. Sie bilden eine Kette von ‚Wenn-Dann-Aussagen' ab, aufgrund welcher *Inputs* (wie finanzielle oder personelle Ressourcen), mit welchen *Aktivitäten*, welche *Outputs* (Produkte) bereitgestellt und welche *Outcomes* (Ergebnisse) und langfristigen gesellschaftlichen *Impacts* (Wirkungen) angestrebt werden. Sie sind in diesem Sinne vereinfachte und schematische Abbildungen der internen Programmstruktur. […] Mit dem Instrument der logischen Modelle lassen sich lediglich logische Zusammenhänge und Verknüpfungen […] sichtbar machen, welche Ziele mit welchen Aktivitäten verfolgt werden. […] Es wäre

dann Aufgabe einer entsprechend kleinteiligen Differenzierung solcher Modelle, die Realität von Wirkungszusammenhängen differenzierter abzubilden. Außerdem müsste dann auch die logische Linearität aufgelöst werden, um zirkuläre Zusammenhänge, Rückkopplungsschleifen und sich wechselseitig bedingende Prozesse einzubinden; Kontextfaktoren müssten ebenso berücksichtigt werden wie Veränderungen im Zeitverlauf. Damit werden auch die Grenzen der Anwendung solcher vereinfachenden Modelle deutlich. Die logischen Verknüpfungen des Modells dürfen nicht als Formulierungen linearer Kausalbeziehungen missverstanden werden" (Haubrich 2006, S. 117 ff.).

Die Metapher des „Programmbaums"[4] dient bei der Explikation des jeweiligen Programm-Modells demgegenüber vordergründig dazu, den Blickwinkel der (formativen) Evaluation als Instrument der Qualitätsentwicklung auf die Outcomes zu lenken (vgl. Abb. 5.3):

„Dies sind die ‚Früchte' des Programms, auf die es ankommt. […] Das, was an Ressourcen investiert wird, insbesondere öffentliche Gelder, soll viele *Outcomes* bei den ‚richtigen' […] Zielgruppen […] auslösen. Das gesamte Programm wird von *Outcomes* her geplant. Mit seinen zehn Elementen [*Kontext, Struktur, Income, Input, Konzept, Aktivitäten, Outputs, Outcomes, Impacts, Nebenresultate*, M. L.] drängt der Programmbaum dazu, sowohl umfassend und vernetzt zu denken, als auch für jede ‚Box' spezifizierte Angaben zu machen. Wie viele *Outputs* nötig sind, welche Arten fachlicher Aktivitäten gewählt werden und von wem (z. B. beruflich/ehrenamtlich Tätige) sie sinnvollerweise erbracht werden, hängt von ihrer (optimalerweise durch Jugendforschung) begründeten Fähigkeit ab, gewünschte *Outcomes* auszulösen. Ein danach entworfenes Konzept, das auch Analysen zu Kontext und Struktur aufnimmt, verspricht Wirkung. Ob und in welchem Umfang diese tatsächlich eintrifft, ist nicht garantierbar, aber der Erfolg kann mit dem Programmbaum als Planungsinstrument wahrscheinlicher gemacht werden" (Beywl 2006, S. 38).

Zugleich gibt es einige Unterschiede (Breuer et al. 2016; Pawson und Tilley 2004; Weiss 1995). Ähnlich wie bei ToC werden etwa in den Logischen Modellen Input, Prozesse, Output und Outcome abgebildet. Die beiden Verfahren unterscheiden sich zugleich dadurch, dass Logische Modelle in der Regel kaum kausale Zusammenhänge und Wirkungen offenlegen (Breuer et al. 2016, S. 2). Der Schwerpunkt der ToC liegt im Unterschied zu Wirkungsmodellen auf der Frage, wie und

---

[4]Ein Programm ist in diesem Kontext „ein schriftlicher Plan bzw. Entwurf pädagogischen Handelns und dessen Umsetzung in die Praxis", der aus drei Grundelementen besteht: der Ausgangssituation, Aktivitäten und Resultaten (Herrmann und Müller 2019, S. 83). So verstandene Programme können unterschiedlich komplex ausfallen – von einzelnen Maßnahmen bis hin zu umfangreichen Bündeln von Aktivitäten. Programmbäume sind wirkungsorientierte logische Modelle.

unter welchen Bedingungen bestimmte Wirkungen erzielt werden sollen, während ein ganzheitliches Wirkungsmodell auch negative und unintendierte Wirkungen umfasst (Rauscher et al. 2015, S. 51 f.). Im Gegensatz zu reinen planungsorientierten Instrumenten gehen LFA und Programmbäume als Planungsinstrumente über die engen Grenzen des Projektmanagements hinaus. Die Realistische Evaluation fokussiert ihrerseits in erster Linie die Wechselwirkungen zwischen dem Kontext, Mechanismus und Outcome (CMO) der sozialen Interventionen, während die Outcome-Hierarchie bzw. Programmbaum den Planungs- und Evaluationsprozess von Outcomes ausgehend strukturiert.

In der gegenwärtigen Evaluationsforschung sind multidimensionale Modelle eher die Regel als die Ausnahme. So hat Reinhard Stockmann Elemente aus verschiedenen Ansätzen in das Evaluationskonzept des Centrums für Evaluation (CEval) aufgenommen und einen integrativen, wirkungsorientierten und theoriebasierten Ansatz der Programmevaluation entwickelt, der multifaktoriell einsetzbar ist (Stockmann 2007). Unter anderem werden in seinem Evaluationsleitfaden folgende Faktorengruppen bewertet (Stockmann 2006, S. 348 ff.):

I. Programmkonzeption:
   1. angestrebte Ziele und Wirkungen,
   2. Interventionsmaßnahmen,
   3. Ebenen und Dimensionen der Wirkungszusammenhänge,
   4. Programmtheorie und Zusammenhänge zwischen den Interventionen und Wirkungen,
   5. Wirkungshypothesen,
   6. Evidenzorientierung der Programmkonzeption.
II. Ressourcen (Input):
   1. finanzielle Ressourcen,
   2. personelle Ressourcen,
   3. technische Ressourcen,
   4. Zeitressourcen.
III. Zielgruppen:
   1. Zielgruppendefinition und -beschreibung,
   2. Relevanz des Programms für die Zielgruppen.
IV. Planung und Vorbereitung
V. Programmsteuerung:
   1. Monitoring und Evaluationssystem,
   2. Qualität der Berichterstattung,
   3. Qualitätsmanagement.
VI. Zielakzeptanz bei Trägerorganisationen

VII. Personal:
    1. Anzahl und Qualifikationsprofil,
    2. Rekrutierungs- und Fluktuationsprobleme,
    3. Aus- und Weiterbildung.
VIII. Organisationsstruktur:
    1. Effizienz der organisatorischen Teilsysteme,
    2. Arbeitsplanung, Aufgabenstellung und Koordination,
    3. Entscheidungsstruktur und Informationsflüsse,
    4. Zuständigkeiten und Verantwortlichkeiten.
IX. Interne Programmwirkungen:
    1. positive/negative Wirkungen der Programminterventionen,
    2. intendierte/nicht intendierte Wirkungen der Programminterventionen.
X. Zielgruppenerreichung:
    1. Maßnahmen zur Erreichung der Zielgruppen,
    2. erreichte Zielgruppen,
    3. nicht erreichte Teile der Zielgruppen.
XI. Nutzen für die Zielgruppen
XII. Zielgruppenübergreifende Wirkungen
XIII. Wirkungen im Politikfeld
XIV. Politikfeldübergreifende Wirkungen:
    1. Diffusionswirkungen in relevanten Politikfeldern,
    2. Wirkungen in anderen programmrelevanten gesellschaftlichen Subsystemen (bspw. Werte- und Normensystem, soziales System, politisches System).
XV. Externe Programmwirkungen:
    1. positive/negative Wirkungen der Interventionen,
    2. intendierte/nicht intendierte Wirkungen,
    3. Effektivität der Zielerreichung gemäß Soll-Ist-Vergleich.
XVI. Planungs- und Durchführungsqualität (Gesamtbewertung)
XVII. Interne wirkungsbezogene Qualität (Gesamtbewertung der organisatorischen Leistungsfähigkeit der Trägerorganisation)
XVIII. Externe wirkungsbezogene Qualität:
    1. Zielgruppenerreichung,
    2. Diffusionswirkung bei den und Nutzen für die Zielgruppen,
    3. zielgruppenübergreifende Wirkungen,
    4. Wirkungen im Politikfeld und darüber hinaus.
XIX. Nachhaltigkeit auf Programmebene
XX. Effizienz
XXI. Gesellschaftliche Relevanz

Der CEval- bzw. Stockmann'sche Ansatz lässt sich auf Programme der Extremismusprävention gewinnbringend anwenden. Auch auf der Träger- und Projektebene sind die abgebildeten Evaluationsdimensionen von großer Relevanz und können durchaus berücksichtigt werden, um bspw. die bis dato eingesetzten Modelle zu optimieren bzw. weiterzuentwickeln.[5]

[5]Zu weiteren Verfahren der Wirkungsanalyse vgl.: Arbeitskreis (2010).

Evaluation von Ansätzen der Radikalisierungsprävention

6

Ein unvoreingenommener Blick auf die Begleit- und Evaluationsforschung in der Kriminal- und Extremismusprävention offenbart ein durchaus facettenreiches Forschungsfeld mit einem ausgeprägten Methodenpluralismus. So hat etwa der Landespräventionsrat Niedersachsen mit seiner „Grünen Liste Prävention" Pionierarbeit in Deutschland geleistet und verschiedene Programme nach festgelegten Gütekriterien auf Grade ihrer Wirksamkeit hin analysiert, um Interventionen mit nachgewiesenen Effekten zu identifizieren (Groeger-Roth 2018: 159 ff.). Bei der Einordnung in drei verschiedene Stufen – Effektivität *theoretisch gut begründet*, Effektivität *wahrscheinlich* und Effektivität *nachgewiesen* – werden die theoretische Begründung von Programmen selbst, ihre didaktische Umsetzung und die Qualität von Evaluationen systematisch geprüft (Groeger-Roth und Hasenpusch 2011, S. 3 f.). Als Königsweg gelten hier Programme, deren Evaluationen Experimentaldesigns mit einer großen Anzahl an Interventions- und Vergleichsgruppen zugrunde liegen und die eine „follow-up"-Messung mindestens sechs Monate nach der Maßnahme durchgeführt haben (vgl. auch die seit 2011 bestehende Programmdatenbank vom National Institute of Justice unter crimesolutions.gov).

Einen vergleichbaren Ansatz verfolgt das Nationale Zentrum für Kriminalprävention (NZK) mit seiner Datenbank WESPE, in die auch dezidierte Extremismuspräventionsprogramme aufgenommen wurden (vgl. auch das MAPEX-Projekt). Darüber hinaus veröffentlicht das Zentrum Forschungssynthesen, die die projektbezogenen Informationen reflektieren. Das NZK legte zudem ein Excel-basiertes Evaluationsinstrument für die Islamismusprävention (EvIs) vor, mit dem verschiedene Kriterien aus den Bereichen „Individuum", „kritische Lebensereignisse", „soziale Strukturen" und „Religion und Ideologie" zu unterschiedlichen Zeitpunkten bewertet und im Zeitverlauf abgebildet werden können, um eine wirkungsorientierte Bewertung von Maßnahmen zu ermöglichen (Ullrich et al.

© Der/die Autor(en), exklusiv lizenziert durch Springer Fachmedien Wiesbaden GmbH, ein Teil von Springer Nature 2021
M. Logvinov, *Evaluation und Radikalisierungsprävention,* essentials, https://doi.org/10.1007/978-3-658-34130-5_6

2019). Wider Erwarten hat das NZK in seinen aktuellen Evaluationen der Fachstelle „PREvent!ion" und des Projekts „spiel.raum" keine wirkungsorientierten Forschungsdesigns entwickelt (Kober 2020; Moussa Nabo et al. 2020). Auch die Forschungs- und Beratungsstelle Extremismus/Terrorismus des Bundeskriminalamtes (BKA) hat sich der Erforschung der Prävention phänomenübergreifender Gewaltkriminalität verschrieben und die Präventionslandschaften sowie Maßnahmen und Evaluationskontexte untersucht (Lützinger und Gruber 2017; Ben Slama und Kemmesies 2020).

Auf der europäischen Ebene liegen mit dem „IMPACT Europe Toolkit" eine Interventionsdatenbank und Werkzeuge zur Planung und Umsetzung von (Selbst-)Evaluationen vor. In einem Synthesebericht wurden im Rahmen eines von der EU geförderten Projekts die neuesten Erkenntnisse über die europäischen Maßnahmen der Extremismusprävention und Programmevaluation zusammengefasst (Hemert et al. 2014). RAN Centre of Excellence veröffentlichte seinerseits ein Ex Post-Paper mit dem Titel „Guideline Evaluation of PCVE Programmes and Interventions" (Molenkamp et al. 2018) sowie ein „Handbuch zu Peer- und Self-Review in der Ausstiegsarbeit" (van de Donk et al. 2019). Auch die RAND-Corporation stellt einen „Werkzeugkasten" zur (Selbst-)Evaluation von Projekten mit detaillierten Anweisungen und Auswertungstipps mittels Excel zur Verfügung (Helmus et al. 2017).

Während die erwähnten Institutionen und Forschungsverbunde auf den Ebenen der Meta-Evaluationen, Synthesen und Prozessstandardisierung wirken, betreiben (Praxis-)Forschungsinstitute die Begleitforschung und Evaluation von zahlreichen Präventionsprogrammen und -maßnahmen in verschiedenen Settings. Auf der Bundesebene seien exemplarisch die Präventionsprogramme des BMI/BAMF (Uhlmann 2017) und des BMFSFJ genannt.[1] Der „Infodienst Radikalisierungsprävention" der Bundeszentrale für politische Bildung (BpB) führt in seiner Bestandsaufnahme 23 Evaluationen unterschiedlicher Programme auf (Stand: Juni 2020). Demnach sind das Bundesprogramm „Demokratie leben!" und das Berliner Landesprogramm Radikalisierungsprävention die Förderprogramme, die am intensivsten begleitet und evaluiert werden (BpB 2020, S. 1).

Violence Prevention Network e. V. (VPN) setzt bundesweit die meisten Präventionsprojekte um. In einer Bewertung des VPN-Modellprojekts „Den Extremismus entzaubern!" arbeiteten die Evaluierenden mit angenommenen

---

[1] Siehe vor allem die einschlägigen Programmberichte von DJI, ISS und Camino: „Programmevaluation und wissenschaftliche Begleitung", unter: https://www.demokratie-leben.de/foerderperiode-2015-2019/programmevaluation-und-wissenschaftliche-begleitung.html (22. Mai 2020).

Wirkmechanismen, die sie mittels eines Logischen Modells darzustellen versuchten. Logische Modelle sollen demnach die Wirkannahmen und die vermuteten Kausalbeziehungen zwischen zentralen Elementen des Evaluationsgegenstandes abbilden: „Zentrale Projekt- bzw. Programmelemente sind dabei z. B. die dem Vorgehen zugrundeliegende Problemwahrnehmung und -beschreibung, der Kontext der Umsetzung, die Ressourcen des Trägers (z. B. seine personelle, finanzielle und materielle Ausstattung), das Income (also die Ressourcen und Charakteristika) der Teilnehmenden, die geplanten Aktivitäten, die angesprochene(n) Zielgruppe(n) sowie die Zielsetzungen" (Hilkert und Johansson 2019, S. 10). Ausgehend von Wirkannahmen mit Blick auf Problemlagen, Zielgruppen, Aktivitäten und Ziele entstand eine vereinfachte Abbildung dieser Dimensionen, die vermutete Kausalbeziehungen in den Vordergrund rücken sollte.

> „In Verbindung mit einer Explikation und Operationalisierung der mit dem jeweiligen Projekt-/Programmvorhaben verbundenen Zielsetzungen (hier insbesondere der teilnehmerbezogenen Wirkungs- bzw. Outcomeziele) erlaubt das Logische Modell zum einen eine gegenstandsadäquate Planung und Konzipierung von Erhebungen zur Zielerreichungsüberprüfung. Zum anderen ermöglicht es eine Plausibilisierung einer (potentiell) festgestellten Zielerreichung als „Wirkung des Projekts/Programms" (Kausalattribution)", so Hilkert/Johansson (2019, S. 10).

Das methodische Vorgehen der Evaluation soll es überdies ermöglicht haben, nicht intendierte Folgen der Maßnahmen offenzulegen. Beim näheren Betrachten fällt allerdings auf, dass die vermuteten Kausalitäten, Einflussfaktoren und Wirkungsmechanismen nicht ohne weiteres offengelegt, sondern gewissermaßen vorausgesetzt wurden; als Wirkungsschema kann das entworfene Logische Modell nicht herhalten (siehe oben).

Weiter gingen Moussa Nabo et al. (2020), indem sie die Entwicklung eines Logischen Modells für das Projekt „spiel.raum" in zwei Schritten vollzogen. Im ersten Schritt ging es primär um die intersubjektiv nachvollziehbare Systematisierung der Rahmenbedingungen, Elemente und impliziten Annahmen der Maßnahme. In der zweiten Fassung des Logischen Modells standen die herausgearbeiteten Wirkannahmen des Konzepts und (implizite) Handlungstheorien im Vordergrund.

Mit einem Logischen Modell haben Möller und Neuscheler (2018) die VPN-Beratungsstelle in Hessen evaluiert. Dabei konzipierten sie das Analyseinstrument von der oben beschriebenen Logik des Programmbaums ausgehend als output- und outcomeorientiertes Modell (vgl. Abb. 6.1). Es umfasst und systematisiert über eine Kombination von relevanten Elementen des Projekts hinaus die

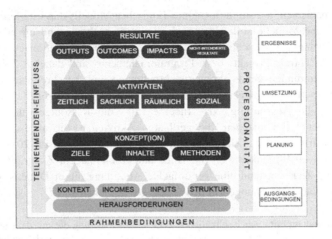

Abb. 6.1   Ein logisches Modell. (Quelle: Möller (2019))

subjektiven Handlungslogiken der Mitarbeitenden sowie den angenommenen Wirkungszusammenhang der Arbeit mit der Klientel (Möller und Neuscheler 2018, S. 4).

Im Vergleich zeigen diese Evaluationen auf, dass ein Instrument je nach Zielsetzung, Blickwinkel und analytische Durchdringung der Programm- und Projektlogik auf unterschiedliche Art und Weise zur Anwendung kommen bzw. die Evaluationsergebnisse stützen kann.

Wie anhand dieser beispielhaften Übersicht ersichtlich wird, herrscht auf beiden Seiten des „Spektrums" – Praxisforschung bzw. Evaluation einerseits und Meta-Forschung sowie „Manualisierung" andererseits – ein reger Betrieb. Zugleich springt ins Auge, dass wir es hier anscheinend mit zwei Forschungsgemeinschaften zu tun haben, deren Schwerpunkte im Hinblick auf die Projektlandschaft auf verschiedenen Ebenen liegen. Mitunter liegen Forschungsbemühungen verschiedene Logiken, die die Belange der Praxis auf unterschiedliche Art und Weise reflektieren, zugrunde. Daher bedarf es einer „Frameangleichung" sowie Anpassung von theoretischen und praktischen Blickwinkeln, ohne die es nur schwer möglich sein wird, zu einem Konsens zu gelangen.

Des Öfteren werden in der Meta-Forschung Befunde generiert, die die Evaluationspraxis als defizitär herausstellen. So schlussfolgerten etwa Lützinger und Gruber (2017, S. 18 f.): „Aus vorangegangenen Untersuchungen wurde deutlich, dass Informationen hinsichtlich durchgeführter Evaluationsmaßnahmen in der Regel äußerst dürftig und wenig transparent sind. Ein voneinander Lernen wird hierdurch deutlich erschwert […]. Möglicherweise ist die defizitäre Evaluationspraxis bzw. öffentlich zugängliche Dokumentation von Evaluationsberichten auch der Grund, warum sich in unserer Befragung eine deutlich ambivalente Haltung gegenüber dem Thema Evaluation offenbarte".

„Dürftige" und/oder „wenig transparente" Informationen über Evaluationsmaßnahmen sind freilich nicht mit der „defizitären" Evaluationspraxis gleichzusetzen. Ein Blick auf die Berichte der Begleitforschungen und Programmevaluationen (nicht nur) der Bundesprogramme ergibt vielmehr ein facettenreicheres Bild und führt zu dem Schluss, dass hier die management- und steuerungsorientierte Bewertung im Vordergrund steht. Die in die wissenschaftliche Begleitung involvierten Praxisforschungseinrichtungen folgen nämlich dem oben beschriebenen Organisationsmodell der Evaluation und damit vordergründig dem ziel- sowie anwendungsorientierten Ansatz. Primär genutzt werden die Evaluationsergebnisse durch Programmverantwortliche der zuständigen Ministerien. So berichtet das für die wissenschaftliche Begleitung der Partnerschaften für Demokratie im Rahmen des Bundesprogramms „Demokratie Leben!"[2] verantwortliche Institut für Sozialarbeit und Sozialpädagogik aus Frankfurt a. M. kontinuierlich über etwa folgende Programmschwerpunkte:

- Prozessbegleitendes Monitoring der Implementierung und Umsetzung der Partnerschaften für Demokratie,
- Gesamtindex zur Zielerreichung,
- Jugendpartizipation,
- Inhaltliche Ausgestaltung der Handlungsstrategien und die Arbeit von Begleitausschüssen,
- Evaluation der Weiterbildungsangebote für die Koordinator/innen der Koordinierungs- und Fachstellen,
- Gesamtkoordination,
- Vernetzung,
- Öffentlichkeitswirksamkeit,
- Aktions- und Initiativfonds,
- Nachhaltigkeit.[3]

---

[2] Siehe zu Bundesprogrammen der Extremismusprävention: Lüders et al. (2020).

[3] Siehe „Programmevaluation und wissenschaftliche Begleitung", unter: https://www.demokr atie-leben.de/foerderperiode-2015-2019/programmevaluation-und-wissenschaftliche-beglei tung.html (22. Mai 2020).

Daher bedurfte bspw. die in der BKA-Analyse zitierte Wahrnehmung – „Mitunter bestand das Gefühl, das wissenschaftliche Begleitinstitut forsche *im Sinne* des Bundesprogramms, also wenig kritisch und – in Gestalt einer Art Legitimationsforschung – mit dem Ziel einer positiven Bilanz" (Lützinger und Gruber 2017, S. 19) –, einer fachlichen Einordnung. Denn die mit der Begleitforschung betrauten Praxisforschungseinrichtungen arbeiten in der Tat dem „Program Owner" zu, indem sie (Struktur-)Daten sammeln und konsolidieren, die jeweiligen Erkenntnisse zur Überprüfung der Programmziele nutzen und die Umsetzung der Programmschwerpunkte kontinuierlich dokumentieren. Hier kommen die wissenschaftliche Begleitung und formative Evaluation als kontinuierliches Monitoring der *internen Wirkungsfelder* zum Tragen. „Auf *Programmebene* hat ein Monitoring-System die Aufgabe, das Management kontinuierlich mit Daten über den Programmablauf und die Zielerreichung zu versorgen" (Stockmann 2006, S. 75). Dem konsumentenorientierten sowie partizipativen Evaluationsansatz wird durch die Bewertung einzelner Maßnahmen, problemorientierte Handreichungen und Evaluationsmethodik Rechnung getragen. Das Deutsche Jugendinstitut evaluiert seinerseits unter anderem Modellprojekte und verantwortet die Gesamtevaluation des Bundesprogramms. Somit sind die Datenerhebung, die Überprüfung der Zielerreichung und die Optimierung der Struktur- sowie Prozessqualität (formativ und summativ) durch die Beseitigung von Inkonsistenzen und Asymmetrien das Ziel der wissenschaftlichen Begleitung, während die Gesamtevaluation den Organisationsrahmen fokussiert.

Zugleich sind Fragen nach Transparenz und methodischem Vorgehen der Evaluation bzw. der wissenschaftlichen Begleitung im Hinblick auf die Programmtheorie sowie -formulierung, Implementation und Ergebniskontrolle mehr als berechtigt. Denn eine die Qualitätsentwicklung flankierende Evaluation müsste bekanntlich über reine Leistungsbilanzen hinausgehen und mindestens fünf Qualitätsdimensionen enthalten (Heil et al. 2001, S. 32):

1. Angemessenheit der Zielsetzung (Fachlichkeit I),
2. Umsetzung der Zielplanung (Effektivität),
3. Optimale Mittelverwendung (Effizienz),
4. Einhaltung professioneller Standards (Fachlichkeit II) und
5. Passung in vorhandene Kontexte ohne unerwünschte Nebenwirkungen (Verträglichkeit).

Dazu tritt die übergeordnete Frage, ob durch das jeweilige Programm Einflussgrößen auf das Extremismusgeschehen (externe Wirkungsfelder) geschaffen werden, die eine reduktive Wirkung entfalten, was zugegebenermaßen nicht immer der

Fall ist. Dies gelingt nicht ohne Bewertung einzelner Projekte/Maßnahmen und ihnen zugrunde liegenden Wirkmechanismen.

Während die *internen* Wirkungsfelder der (Bundes-)Programme – Ziele und ihre Akzeptanz, Personal, Organisationsstruktur, finanzielle Ressourcen, technische Infrastruktur – in der Regel detailliert beschrieben und bewertet werden, werden die *externen* Wirkungsfelder des Öfteren stiefmütterlich behandelt. Dazu zählen bspw. die Zielakzeptanz bei den anvisierten Zielgruppen, die Zielgruppenerreichung, der Zielgruppennutzen und die Diffusion über die unmittelbaren Zielgruppen hinaus. Die Überprüfung der Zielerreichung und der Wirksamkeit auf der Durchführungsebene stellt dabei die wichtigste Aufgabe der Evaluation[4] dar (Stockmann 2006, S. 71, 155 f.). Allerdings tritt die Bewertung der externen Leistungswirksamkeit eines Programms/Projekts des Öfteren hinter die Beschreibung der (angenommenen) organisatorischen Leistungsfähigkeit zurück. Nicht minder problematisch erscheint, dass die Bewertung der Ex-post-Wirkungsphasen der Programme beinahe gänzlich ausbleiben.

Im Blick auf Projekte und Maßnahmen der Radikalisierungsprävention ist die Aufgabe der Evaluation scheinbar einfach: Sie soll belegen, was wirkt. Denn es zähle nur, was wirke und das, was wirke, bedeute Evidenz. Etwas komplexer wird es, wenn man bedenkt, dass die Kausalität, d. h. das, was Effekte erzeugt, mit kriteriengeleiteten „Beschreibungen von Zusammenhängen zwischen Ursachen und später auftretenden Wirkungen" zu tun hat (Lüders und Haubrich 2006, S. 10). Dies wiederum bedeutet, „dass Kausalität eine Zurechnung von Wirkungen auf Ursachen erfordert, also auch eine Selektion aus einem Endloshorizont von in Betracht kommenden Ursachen und einem zweiten Endloshorizont von in Betracht kommenden Wirkungen" (Luhmann, in: Lüders und Haubrich 2006, S. 9). Soll heißen: Im Endeffekt generiert eine Kausalzuschreibung lediglich eines der möglichen Kausalschematas (Dollinger 2018b).

Im Hinblick auf soziale Prozesse und Problemlagen scheint dies eine Herausforderung zu sein, die jedoch unter Berücksichtigung des jeweiligen konzeptionellen Rahmens überwunden werden kann. Und genau hier liegt die Grundproblematik des angespannten Verhältnisses zwischen der Evaluations- und Begleitforschung sowie der Fachpraxis begründet. Denn verschiedene konzeptionelle Rahmen heben teils abweichende Ursache-Wirkung-Zusammenhänge bzw. Wirkungsfelder hervor. Wirkungen sind bekanntlich auf unterschiedlichen analytischen Ebenen angesiedelt (Stockmann 2006, S. 103):

---

[4] „Die *Erfassung und Bewertung von Wirkungen* und ihre *kausale Ursachenzuschreibung* sind die *zentralen Aufgaben von Evaluation*" (Stockmann 2006, S. 106).

1. Sie betreffen gleichzeitig Strukturen, Prozesse und individuelle Verhaltensweisen (Wirkungsebenen und Outcome-Stufen).
2. Sie treten intendiert (geplant) und nicht intendiert (unbeabsichtigt) auf.
3. Und sie können die Programm- bzw. Leistungsziele unterstützen (positiv) oder konterkarieren (negativ).

Für die Evaluation von Programmen und Interventionen der Radikalisierungsprävention ergeben sich daraus wichtige methodische Konsequenzen. Zum einen muss im Rahmen der Evaluationsplanung die Frage beantwortet werden, welche Wirkungsmechanismen als Analysegegenstand fungieren sollen: „Daher verlangt die Frage nach den Wirkungen von Interventionen eine plausible Beschreibung der Programmelemente und ihres konzeptionellen Zusammenwirkens. Dies erfordert einen klar abgrenzbaren Untersuchungsgegenstand sowie das Vorliegen begründeter Hypothesen und Annahmen über die Struktur des Gegenstandes und die Beziehung zwischen den verschiedenen Programmaktivitäten und angestrebten Ergebnissen" (Lüders und Haubrich 2006, S. 16). Auf der Ebene der Projekte und Initiativen bedeutet dies, dass die Annahmen und Konzepte der jeweiligen Programmbeteiligten als Referenzrahmen der Intervention zu analysieren sind. Zum anderen sollen die Bewertungsverfahren jener Prozesslogik gerecht werden, die durch die jeweiligen Projekte (Strukturen) entsprechend dem konzeptionellen Referenzrahmen zum Tragen kommt und ein Ergebnis generiert. Das seit den 1980er Jahren weit verbreitete „Struktur-Prozess-Ergebnis" (SPE)-Schema ist für die Abbildung der Interaktionsqualität im Feld und die Qualitätspraxis der Maßnahmen relevant (Beywl 2006, S. 34).

Zugleich stehen die Struktur-, Prozess- und Ergebnisqualitäten in einem nicht linearen Verhältnis, wobei die Strukturqualität eine notwendige, aber keine hinreichende Bedingung für die Prozessqualität darstellt. Ähnlich verhält es sich zwischen der Prozess- und Ergebnisqualität:

> „Es muss ein Mindestmaß an Strukturqualität gewährleistet sein, um über Prozessqualität die Ergebnisqualität positiv zu beeinflussen. Andererseits führt eine Verbesserung der Strukturqualität nicht zwangsläufig zu besserer Prozess- und Ergebnisqualität. Letztlich ist allerdings von einem positiven Zusammenhang zwischen Struktur- und Ergebnisqualität auszugehen. Neben den beschriebenen Beziehungen zwischen Struktur-/Prozessqualität und Prozess-/Ergebnisqualität existieren Rückwirkungen der Ergebnis- auf die Prozessqualität, der Ergebnis- auf die Strukturqualität wie auch der Prozess- auf Strukturqualität. Diese *Rückkopplungen* sind nicht etwa als Störvariablen, sondern vielmehr als korrigierende Qualitätsentwicklung zu interpretieren" (Macsenaere 2006, S. 50).

Vor diesem Hintergrund ist der Vorschlag von Köhler (2017b, S. 95), auf die Prozess- und Ergebnisevaluation zugunsten einer auf den von ihm vorgeschlagenen Qualitätsstandards[5] basierenden Evaluation der strukturellen Integrität[6] zu verzichten, cum grano salis zu nehmen. Denn so plausibel die Annahme eines positiven Zusammenhangs zwischen der Struktur- und der Ergebnisqualität auch ist, würde eine reine Beurteilung der „strukturellen Qualitätsstandards" eines Programms bzw. Projekts den Evaluationsprozess seines eigentlichen Sinns und Zwecks berauben, der seit eh und je in der Bewertung der Prozess- bzw. Durchführungsqualität und der Ergebnis- bzw. Leistungsqualität besteht (Rogers 2000; Madaus und Kellaghan 2000; Stockmann 2006). Zugleich spielt die Programmqualität respektive interne Wirkungsqualität hinsichtlich der angestrebten

---

[5] Auch wenn jegliche Verweise im Handbuch „Strukturelle Qualitätsstandards" von Köhler (2016) fehlen (Stand: Dezember 2020), basieren seine Indikatoren zum überwiegenden Teil auf dem Leitfaden „The Evidence Based Correctional Program Checklist (CPC)" von Edward J. Latessa und Mitarbeitern (Latessa 2013). In der Monografie „Understanding Deradicalization" sucht man ebenfalls vergebens nach der Quelle der „Deradicalization program integrity checklist (DPIC)", die neben den einzelnen Items die gesamte CPC-Heuristik ohne jegliche empirische Korrelationsnachweise für die neuen Faktoren übernimmt (Koehler 2017a, S. 296 ff.). Erst in einer späteren Veröffentlichung erfolgte eine mehr oder minder transparente Benennung der Quelle der sehr nah am Original gehaltenen strukturellen Qualitätsstandards: „A first step to achieving that gold standard would be to assess the programme's integrity through a checklist, as suggested by Koehler (2016, 2017), based on the Correctional Programme Checklist (Latessa 2013)" (Koehler 2017b, S. 94).

[6] „Structural integrity evaluation has so far not been suggested to be used with deradicalisation programmes other than by the author (Koehler 2017)" (Koehler 2017b, S. 96). Es sei an dieser Stelle angemerkt, dass der Vorschlag, vorhandene Instrumente zur Messung der Programmintegrität (bspw. CPAI-2000) zwecks Beurteilung von Deradikalisierungsprogrammen zu nutzen, von Mullins (2010, S. 178) kam. Die CPC-Liste von Edward J. Latessa und Mitarbeitern stellt eine auf weiterführenden Korrelationsforschungen basierende „Verdichtung" der CPAI-Indikatoren dar. Dabei verwies Mullins (2010, S. 178) im Abschnitt „Program design, implementation and evaluation" seines Aufsatzes „Rehabilitation of Islamist terrorists: Lessons from Criminology" auf frühere kriminologische Forschungen von Paul Gendreau, Claire Groggin und Paula Smith: „Gendreau, Groggin and Smith take an equally detailed approach in offering advice on the implementation of programs in the 'real world' and identify four key areas to attend to, relating to organizational factors, the program itself, the agent of change (who is responsible for running the program), and staffing activities. They also emphasize the importance of program evaluation and suggest the use of the CPAI for this purpose. The latest version of this tool, the CPAI-2000, includes 131 items and assesses eight different domains: (1) organizational culture; (2) program implementation/maintenance; (3) management/staff characteristics; (4) client risk–need practices; 5) program characteristics; (6) core correctional practices; (7) interagency communication; and (8) evaluation. CPAI scores have been found to relate to reductions in recidivism, thus adding validity both to this assessment, and by proxy to the 'what works' literature on which it is based."

Ergebnisse, d. h. externen Wirkungsfelder eine wichtige Rolle.[7] Im Rahmen der qualitätsmanagementorientierten Evaluation ergeben sich daher mindestens fünf Bereiche, in denen die Programm- und Projektqualität nachzuweisen wäre (Heil et al. 2001, S. 33; Stockmann 2006, S. 168):

1. Konzeptqualität,
2. Strukturqualität,
3. Prozessqualität,
4. Ergebnisqualität und
5. sozialpolitische Qualität.

Streng genommen resultierte der obige Substitutionsvorschlag aus einem methodischen Irrtum, denn Latessa (2013, S. 67 f.) kritisierte zwar die weit verbreitete indirekte Messung der Programmqualität über die Bewertung von Prozessergebnissen, betonte jedoch den Mehrwert einer Kombination aus der Konzeptbewertung, Output- und Programmintegritätsmessung.[8]

Alternativ lassen sich die Qualitätsdimensionen von Programmen/Projekten in Anlehnung an Stockmann (2006, S. 297) wie folgt systematisieren:

1. die *Planungs- und Durchführungsqualität* (der Prozess der Leistungserstellung),
2. die *interne wirkungsbezogene Qualität* (die intendierten und nicht intendierten Wirkungen mit Blick auf die leistungserbbringende Organisation „anhand der Kriterien Ziele/Zielakzeptanz, Personal, Organisationsstruktur, finanzielle Ressourcen, technische Infrastruktur und Organisationskonzeption"),
3. die *externe wirkungsbezogene Qualität* (die intendierten und nicht intendierten Wirkungen „im Hinblick auf die Akzeptanz der Leistungs- und Programmziele bei den Zielgruppen, die Zielgruppenerreichung, den Nutzen und die Verbreitung (Diffusion) in den Politikfeldern der Intervention"),

---

[7]So berichtete Latessa (2004, S. 553): „Not only can the 'failures' cancel out the 'successes', but also by failing to measure program characteristics and fidelity we are often unable to explain some of the programmatic reasons why differences in outcome measures may occur. For example, in a recent study of similar types of residential correctional programs in Ohio, we found a wide range of effects based on the quality of the program".

[8]Auch der Vordenker der Programmqualitätsmessung, Quay (1977), nennt die Beurteilung der Programmintegrität das „dritte Gesicht der Evaluation".

4. die *Qualität der Nachhaltigkeit*
   a. auf der Programmebene (bspw. leistungsorientiert, systemorientiert, innovationsorientiert),
   b. auf der Makroebene (bspw. Effizienz, gesellschaftliche Relevanz).

Die Qualität der Bewertung bzw. der Evaluation als Teil des Qualitätsmanagements ist zugleich ein wesentliches Merkmal der Programm- und Projektqualität. Die Crux besteht darin, die einzelnen Bestandteile der sogenannten Wirkungsgleichung korrekt einzuordnen, um die jeweiligen Netto- und Bruttowirkungen zu bestimmen: *Gesamtwirkungen = Interventionseffekte* (Nettowirkungen) + *Effekte anderer Faktoren* (Konfundierung/Deadweight) + *Designeffekte* wie bspw. Messfehler und/oder Selektion (Stockmann 2006, S. 105). Die wirkungsorientierte SROI[9]-Messung geht einen Schritt weiter und analysiert monetarisierte Netto-Wirkungen von Maßnahmen im Verhältnis zu sozialen Investitionen (Schober und Then 2015).

---

[9]Social Return on Investment.

Wirkungsevaluation in der Radikalisierungsprävention: *Quo vadis?*

7

Verglichen mit den vorhandenen Evaluationsansätzen und -verfahren, die Programme für soziale Innovationen zu ihrem Forschungsgegenstand machen, lässt die Projekt- und Maßnahmenevaluation in der Radikalisierungsprävention teils die Innovationskraft missen, die diesem wichtigen und sich dynamisch entwickelnden Bereich gebührt. Zwar werden verschiedene Ansätze und Verfahren – etwa Realistische Evaluation (Gielen 2018), Logische Modelle (Fink et al. 2013; Möller und Neuscheler 2018; Moussa Nabo et al. 2020), Multi Attribute Utility Technology (Horgan und Braddock 2010), anwendungsorientierte Evaluation (Williams und Kleinman 2014)[1], DAC Quality Standards (START 2016) – in der Evaluation von Maßnahmen der Radikalisierungsprävention repliziert oder als nützlich empfohlen.[2] Doch mangelt es zugleich an innovativen ganzheitlichen Ansätzen der Wirkungsevaluation[3] in der realen Welt. Dabei könnten die methodischen Innovationen jenseits der allgemeinen Diskussionen durchaus aus der Wirkungs- und Meta-Forschung kommen. Als Voraussetzung dafür gelten profunde Kenntnisse über die einschlägigen Programme, Projekte und die ihnen

---

[1]Michael J. Williams und Steven M. Kleinman entwarfen in ihrem Aufsatz ein beachtenswertes Evaluationskonzept inkl. Leitfaden für einzelne Fragestellungen und Evaluationsschritte.

[2]Es muss festgehalten werden, dass nicht alles, was Evaluation genannt wird, diesen Namen auch verdient. So haben etwa Hofman und Sutherland (2018) in ihrem Praxishandbuch alle möglichen Verfahren gesammelt, die irgendwie in Zusammenhang mit Evaluation gebracht werden konnten. Ähnlich erstellte Gielen (2017) eine Liste mit beachtlichen 73 Studien im CVE-Bereich, die allerdings unterschiedlich gelagert sind, – von einigen wenigen dezidierten Evaluationsstudien über Kurzberichte über durchgeführte Evaluationen bis hin zu allgemeinen evaluationstheoretischen Überlegungen.

[3]Nach Treischl und Wolbring (2020, S. 32) erwies sich das *kontrafaktische Modell der Kausalität* als besonders fruchtbar.

© Der/die Autor(en), exklusiv lizenziert durch Springer Fachmedien Wiesbaden GmbH, ein Teil von Springer Nature 2021
M. Logvinov, *Evaluation und Radikalisierungsprävention,* essentials,
https://doi.org/10.1007/978-3-658-34130-5_7

zugrunde liegenden Handlungslogiken, die ohne einen zielorientierten Dialog mit Praxisforschungsinstituten und Praktiker*innen kaum zu erlangen sind.

Es reicht für die Belange der evidenzorientierten Prävention nicht aus, reine Messindikatoren zu entwickeln (Ullrich et al. 2019) oder ganze Batterien an Messinstrumenten wie „Violent Extremism Evaluation Measurement Framework" (VEEM) zusammenzustellen (Baruch et al. 2018). Denn einerseits müssten die in den jeweiligen Messverfahren abgebildeten Dimensionen Ziele der jeweiligen Interventionen darstellen, was angesichts unterschiedlicher Zielgruppen (bspw. direkte und indirekte Interventionen in der selektiven und indizierten Prävention) und Radikalisierungsgrade der Betroffenen nicht immer der Fall sein dürfte.[4] Andererseits sind die Anwendungsfälle und der Nutzen für die Evaluation der Fachpraxis jenseits der reinen Indikatorenmessung zu plausibilisieren, um die wichtigsten Fragen adressieren zu können: What works, for whom, in what respects, to what extent, in what contexts, and how (als „Maximalprogramm")? Dafür bedarf es einer plausiblen Zuordnung verschiedener Elemente im Rahmen eines Wirkungsmodells (vgl. Abb. 7.1).

Zugleich können Messinstrumente wichtige Impulse für die interne Evaluation und Qualitätssicherung geben und das Fallmonitoring verbessern. Daher bedarf es eines intensiveren Dialogs zwischen der Meta- und Evaluationsforschung und der Fachpraxis, um vielversprechende Messverfahren und Evaluationsansätze auf ihre Güte und praktische Nutzbarkeit zu analysieren. Andererseits sind reine Messungen ohne Berücksichtigung der projektspezifischen Kontextfaktoren, Handlungslogiken und Wirkmechanismen wenig aussagekräftig und werden den Evaluationsaufgaben nicht gerecht. Messungen ohne Kenntnis von Kontexten und Präventionsmechanismen lassen nämlich keine Aussagen über die Umstände und Voraussetzungen zu, unter denen Maßnahmen Wirkungen (nicht) entfalten. Das alles bedeutet nicht, dass Wirkungsmessungen mit anspruchsvollen Methoden nicht umgesetzt werden können. Vielmehr könnten die Umsetzungswege durch die Evaluations- und Meta-Forschung aufgezeigt und der Mehrwert der Verfahren überzeugend vermittelt werden. Doch so weit ist die Wirkungsevaluation in der Radikalisierungsprävention in Deutschland noch nicht.

Die wirkungsorientierte Forschung auf dem Gebiet der Radikalisierungsprävention und Deradikalisierung bedarf zugleich eines ganzheitlichen Ansatzes, der zum einen die auf die Interventionen einwirkenden Faktorengruppen adressiert und zum anderen Wirkungen von Maßnahmen nicht losgelöst von der Handlungslogik der involvierten Akteure bewertet. Die theoriebasierten und mechanismischen Ansätze scheinen daher vielversprechend einzusetzen zu sein.

---

[4]Siehe zum Baukastensystem von EvIs: Ullrich et al. (2019, S. 46).

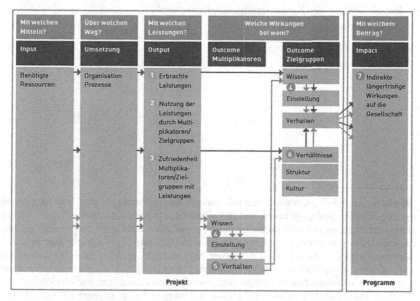

→ Verhaltensprävention direkt   → Verhältnisprävention direkt
→ Verhaltensprävention indirekt via Multiplikatoren   → Verhältnisprävention indirekt via Multiplikatoren

Abb. 7.1 Ein Wirkungsmodell (Quelle: Fässler und Studer (2019, S. 10))

Vor diesem Hintergrund sind holistische Präventionskonzepte und -modelle, die die jeweiligen Mechanismen, Strategien, Maßnahmen inkl. ihrer Vorteile und Einschränkungen sowie zuständige Akteure und Zielgruppen systematisch, im Gesamtkontext reflektieren, von herausragender Bedeutung. Eines der vielversprechenden Modelle, das an die in Vergessenheit geratenen herkömmlichen Terrorismusbekämpfungsansätze erinnert, stammt aus der Feder von Bjørgo (2013, 2016a; vgl. Schneckener 2006; Urban 2006).

Bjørgo (2016b, S. 26) identifizierte neun Präventionsmechanismen, die in praktisch jedem Kriminalitätsbereich zum Einsatz kommen können:

- Etablierung und Aufrechterhaltung normativer Grenzen[5],

---

[5] „Moral barriers against inflicting death and suffering on other people is probably what keeps most people from engaging in terrorism, even if they may hold serious grievances. Basic upbringing, socialisation and education are the principal ways such norms are internalised among children and young people. Parents, teachers and other moral authorities are main

- Einschränkung der Rekrutierungsmöglichkeiten[6],
- Abschreckung[7],

---

preventive actors but peers and other role models may increasingly play leading roles in forming attitudes. Although norms and moral values is probably the most effective barrier against participation in terrorism and violence, some individuals have few scruples against causing suffering to others. Even among "normal people" morality is a fragile barrier which may crumble under certain circumstances. Nevertheless, building and maintaining such norms is one of the most important strategies for preventing terrorism. [...] The *preventive mechanism* here consists of reinforcing objections and normative barriers to the use of violence and terrorism, and eliminating excuses and reasons for using violence" (Bjørgo 2013, S. 31, 33).

[6] „A social and political prevention strategy is based on reducing the driving forces behind and motivation for adopting the use of terroristic violence, by trying to eliminate or reduce the root causes and sources of frustration and anger, and stopping radicalisation processes at as early a stage as possible. Measures may address processes and conditions at the (macro) level of society, state, international relations or trans-national developments, at the (meso) level of social movements, institutions, organisations, and groups, or at the (micro) level of individuals and face-to-face interaction. Many kinds of political and social actors have relevant measures at their disposal. The social and political crime prevention strategy goes to the root of the problem and may bring positive effects in more problem areas than just terrorism. However, some root causes are difficult to change and positive impact may take a long time to achieve. [...] The *preventive mechanism* is, in other words, reducing the driving forces behind and motivation for adopting the use of terroristic violence by eliminating or reducing the root causes and sources of frustration, and stopping any radicalisation process at as early a stage as possible" (Bjørgo 2013, S. 38, 39).

[7] „The deterrence mechanism is based on increasing the costs of terrorism or other crimes by (threat of) punishment, retaliation or other social sanctions, aiming at reducing the motivation to carry out such acts. Measures are generally repressive, such as imprisonment, violent force and other sanctions. The police, criminal justice system and military forces are main actors. However, diplomatic and economic sanctions have also been used against states sponsoring terrorists. Deterrence has generally been more effective against such states than against highly motivated terrorists, whose decision making is often based on different rationalities. The use of military reprisals after terrorist attacks has frequently been justified as means of deterrence but the side effects are grave and have often turned out to be counter-productive, reinforcing a spiral of violence. [...] The *preventive mechanism* in the deterrence strategy is to reduce

- Verhinderung[8],
- Schutz von vulnerablen Zielen[9],
- Schadensminimierung[10],
- Reduzieren von Belohnungen[11],

---

the motivation of the terrorists or their supporters through threats of punishment, reprisals or other negative consequences" (Bjørgo 2013, S. 49, 50).

[8] „The *preventive mechanism* in disruption is to stop terrorists from carrying out their attacks by discovering and exposing preparations for attack in advance, and through various means prevent the actions from being carrying out. Thus, disruption has two phases: detection and intervention. The principal actors in the disruption strategy are the security and intelligence services, and the police, although the general public may also play an important role by providing information about suspicious activities and people. The target group for the measures are people actively planning and preparing acts of terrorism. Means may be to arrest suspects but warnings and preventive dialogue may also be used as means of early intervention to disrupt possible involvement in terrorism" (Bjørgo 2013, S. 55).

[9] „This approach is based on the theory of situational prevention. The *preventive mechanism* is to identify and remove opportunities for specific types of terrorist action, thereby making it more difficult to carry through attacks. This may mean to increase the efforts needed to carry through a specific attack (e.g. by target hardening, control access to facilities, control weapons and other tools and substances), or to increase the risks for detection (e.g. by natural or formal surveillance). Some of the measures have had proven effects of reducing certain forms of terrorist attacks, such as hijacking of airplanes. However, protecting certain targets has sometimes led terrorists to attack other, less protected targets. This displacement effect is one of the main drawbacks of this strategy. Protective measures may also be costly and intrusive" (Bjørgo 2013, S. 64).

[10] „If a terrorist attack cannot be avoided, the next *preventive mechanism* is to reduce the harmful consequence through interventions which are planned, prepared and trained before an attack takes place. The goal is to save lives, alleviate suffering, reduce fear, restore social functions and infrastructure, and maintain confidence in institutions and authorities. Many actors play important roles in such an effort, with the police, medical emergency units, fire brigades in lead roles but a number of other public and private agencies and actors are also involved. Coordination of these agencies and personnel is often a main challenge in major crisis, typically due to capacity problems, insufficient communication, lack of training, irrelevant emergency plans or failure to implement such plans" (Bjørgo 2013, S. 71).

[11] „In order to achieve their aims, terrorists are dependent on others reacting to the terrorist violence in a manner that affords the terror greater effect than the physical harm the actual violent act causes in itself. The *preventive mechanism* therefore consists of not giving the

- Unfähigmachen[12],
- Herauslösung und Rehabilitation[13].

Präventive Mechanismen seien auf theoretischen Erklärungen bzw. Hypothesen basierende Postulate über Wirkungen von Maßnahmen.[14] Entsprechende Maßnahmen stellen Mittel oder Methoden dar, die zur Aktivierung eines Mechanismus eingesetzt werden, um ein bestimmtes Ergebnis zu erzielen. Eine Maßnahme kann demnach verschiedene, auch nicht intendierte Mechanismen in Gang setzen und umgekehrt können unterschiedliche Maßnahmen zur Aktivierung eines Mechanismus ergriffen werden. Jeder Mechanismus muss im Hinblick auf den spezifischen

---

terrorists the responses they seek to achieve, making it less attractive for them or other potential terrorists to repeat a form of action that has not provided the desired return. This may mean not to overreact with brutality and repressive force, not to give in to their demands, or not to give the terrorists the kind of media attention they crave for. The main actors here are political leaders, business leaders and the news media" (Bjørgo 2013, S. 76).

[12] „The *preventive mechanism* in incapacitation is to reduce or eliminate the capacity of terrorist actors to carry out terrorist attacks and cause harm. The main means in a criminal justice framework is arresting and incarcerating (potential) violent perpetrators, to take away their access to weapons and funding, and in extreme cases to 'take them out' by lethal force. In a military framework, killing (or apprehending) terrorists and destroying terrorist training facilities and their equipment are the main measures. Some countries have made extensive use of targeted killings by drones, sometimes in the form of extra-legal executions. It is often more effective to neutralise the hubs in a terrorist network than trying to take out the entire network" (Bjørgo 2013, S. 81).

[13] „It is not true that 'once a terrorist, always a terrorist'. Most terrorist groups and individuals end their involvement sooner or later, voluntarily or involuntarily. The *preventive mechanism* involves bringing about an end to individual terrorist careers and collective campaigns sooner rather than later. This requires a combination of push and pull factors, making continued involvement in terrorism less attractive and providing realistic and attractive exit options. Measures could involve amnesties or lighter sentencing/prison conditions, peace processes, political reforms or programs to facilitate disengagement and reintegration into mainstream society. Bringing an end to terrorist campaigns should be the ultimate goal of counter-terrorism" (Bjørgo 2013, S. 86).

[14] „Social mechanisms do not follow laws of physical necessity: they are more likely to work under some conditions and less likely under others. One example of this is the assumption that the threat of punishment deters individuals from committing crimes because they (presumably) will make a rational assessment, weighting up the costs against any benefits, which in turn can reduce motivation. The actual mechanism here is a mental process – a calculation that takes place in the heads of the actors. However, it is far from certain that everyone will end up making the same decision. Other mechanisms may be generated by specific types of social interaction such as pressure to conform and loyalty within an extremist group, which may result in individuals taking part in actions they would normally not want to get involved in. Some mechanisms lie in the interaction between individuals and their social or physical

Präventionsgegenstand unter besonderer Berücksichtigung der folgenden Fragestellungen konkretisiert werden (Bjørgo 2016b, S. 27):

- How do the various *preventive mechanisms* work to reduce a specific crime problem?
- Which *measures* or methods can be used to activate these mechanisms?
- Who are the *principal actors* in the implementation of the various methods?
- Who are the *target groups* for the various strategies and their relevant measures?
- What are the *strengths and the positive side effects* of the various measures?
- What are the *limitations, costs and negative side effects* of the various measures?

Auf diese Art und Weise können die hypothesengeleiteten Präventionsmechanismen, Konzepte, Methoden und Techniken der Fachpraxis im Rahmen einer theoriebasierten und mechanismischen Evaluation im Hinblick auf Wirkungen bewertet und bei Bedarf optimiert werden (vgl. die mechanismische Kausalitätsforschung). Zugleich darf die Frage nach *Interventionskontexten* nicht ausgeblendet werden.

Die Anwendung der ToC und Realistischen Verfahren in der Evaluation von Maßnahmen der Radikalisierungsprävention erlauben überdies tiefere Einblicke in die Präventionspraxis, was für die Weiterentwicklung von Evaluationsansätzen durchaus von Vorteil sein kann. In diesem Zusammenhang sei jedoch darauf verwiesen, dass neben den methodischen Herausforderungen auch die Berücksichtigung bzw. Gewichtung der Evaluationsstandards ein wesentlicher Punkt ist, der die Evaluationsmaßnahmen beeinflusst. In den bekannten Standards der Evaluation der DeGEval – Gesellschaft für Evaluation sind bekanntlich Zielkonflikte angelegt, die im Rahmen der Bewertung von Projekten und Maßnahmen einer Lösung bedürfen. So steht bspw. die „Vollständigkeit und Klarheit der Berichterstattung" (N 6) im Widerspruch zum „Schutz individueller Rechte" (F 2). Angesichts der Rechtsschutzanforderungen kann es keine maximale Transparenz über die Betroffenen von Maßnahmen der Deradikalisierung geben. In diesem

---

environment and may be more directly observable. For example, a motivated terrorist may be deprived of the capacity to commit an act of terrorism by detaining him behind prison walls, which effectively prevents him from carrying out acts of terror in society. Correspondingly, a rifle bullet fired by a police sniper can prevent a terrorist from achieving his intention of killing a hostage or stopping him in the act of committing a massacre. In these cases the preventive mechanism is relatively observable and tangible. While some types of mechanism can be abstract or mental, other types of mechanism can be more concrete and observable" (Bjørgo 2013, S. 6).

Zusammenhang sind die Evaluationspraxis und Meta-Forschung auf die interne Evaluation der Träger angewiesen. Daher scheint für die Standardisierung von Maßnahmen, Wissensgenerierung und Optimierung bestehender Evaluationsansätze für alle relevanten Akteur*innen eine Intensivierung des Dialogs und die Weiterentwicklung des internen Qualitätsmanagements notwendig zu sein (Möller 2020, S. 417).

Fazit

Auch wenn die Begleitforschung und Evaluationspraxis teils heftiger Kritik seitens der Meta-Forschung ausgesetzt sind, blickt Deutschland auf eine lange Tradition der Evaluation in der Extremismusprävention zurück. Die Bewertung unterschiedlich gelagerter Bundes- sowie Landesprogramme bewirkte eine weitere Professionalisierung und beförderte wichtige Innovationen – daran gibt es nur wenig Zweifel. Allerdings konnte die Evaluationspraxis anscheinend nicht mit der schnellen Ausdifferenzierung verschiedener Präventionsinitiativen nach der Post-9/11-Radikalisierungswende Schritt halten und die bestehenden Verfahren sowie Modelle weiterentwickeln. Dies führt aufseiten der Meta-Forschung zur kritischen Bewertung der Evaluationsleistungen, wobei sich mindestens zwei Selbstverständnisse – kriminalpräventiv orientierte Wirkungsforschung und (sozial-)pädagogisch orientierte Praxisforschung – gegenüberstehen. Sieht man von den Grundsatzdiskussionen über die – wohlgemerkt nicht immer nachweisbaren – Vorteile der Experimentaldesigns ab, spielen bei diesem „Kampf" der Paradigmen auch eine Reihe von methodischen Faktoren eine Rolle. Bekanntlich sind nicht nur die Studiendesigns, sondern auch die Art und Größe von Evaluationsgegenständen – bspw. das Programm als Ganzes, Projekte (etablierte oder Modellprojekte), Einzelmaßnahmen und/oder das Case-Management mit einem und ohne direkten Zugang zu Indexpersonen –, für die Bewertung der Ergebnisse von Belang (Farrington et al. 2017, S. 66). Vor diesem Hintergrund hilft ein Blick auf die angelsächsische Evaluationsforschung, die eine Reihe von brauchbaren Ansätzen bietet. Auch in der Evaluation von Ansätzen wirkungsorientierter Sozialer Arbeit sowie Maßnahmen zur Eindämmung der Gangkriminalität konnten innovative Verfahren etabliert werden (Davis et al. 2017; Heil et al. 2001; Merchel 2015; Projekt eXe 2006). Überdies wäre es sicherlich von großem Vorteil, wenn

M. Logvinov, *Evaluation und Radikalisierungsprävention*, essentials, https://doi.org/10.1007/978-3-658-34130-5_8

die relevanten Akteure[1] im Feld einen fachlichen Austausch intensivieren würden, um den Blick für die Handlungslogiken der anderen zu schärfen und adäquate Forschungsdesigns sowie Bewertungsmethoden entwickeln zu können (Möller 2020, S. 417; Walkenhorst 2019).[2] Denn neben „defizitärer Planung" und „defizitärer Umsetzung" stellt „defizitäre Wissenschaft" eine weitere Unsicherheitsquelle im Hinblick auf Präventionsprogramme und soziale Interventionen dar.

---

[1]Mit dem Projekt PrEval (Evaluationsdesigns für Präventionsmaßnahmen – Multimethodische Ansätze zur Wirkungsermittlung und Qualitätssicherung in der Extremismusprävention sowie den Schnittstellen zur Gewaltprävention und politischen Bildung) fördert das BMI ein erstes Format dieser Art.

[2]Ruf und Walkenhorst (2021, S. 3) weisen auf weitere gewinnbringende Kooperationskontexte von Evaluationen hin: „Evaluationen der Präventionsarbeit können helfen, Erkenntnisse und Erfahrungen der Vergangenheit aufzuarbeiten und langfristig die Qualitätssicherung im Sinne einer dem Gegenstand angemessenen Zusammenarbeit weiterzuentwickeln. Prozessorientierte, also parallel zu den Maßnahmen durchgeführte, Evaluationen können ihr Hauptaugenmerk direkt auf die Unterstützung von Kooperationsauf- und -ausbau legen und dadurch zu verbesserter Kommunikation und Transparenz zwischen den Akteur.innen beitragen. Aber auch Evaluationen, die nur Teilbereiche der Kooperationsstruktur betreffen, können mittel- bis langfristig für mehr Klarheit sorgen, indem sie die Handlungsprofile der Akteur.innen schärfen oder die jeweiligen Wirkungsannahmen der Maßnahmen konkretisieren. Zudem können Evaluationsformate dabei unterstützen, die Balance zwischen der Eigenständigkeit der jeweiligen professionellen Handlungsorientierung und den Erfordernissen der kooperativen Aufgabenerfüllung auszutarieren und im Zweifelsfall für wechselseitige Anerkennung und Akzeptanz der professionellen Grenzen werben".

Was Sie aus diesem *essential* mitnehmen können

- Der Stellenwert von Evaluationen steht in einem direkten Zusammenhang mit dem Ausbau von Infrastrukturen für (soziale) Innovationen. Es mangelt in der Forschung nicht an fruchtbaren Ansätzen, Modellen und Verfahren der Evaluation in der Kriminal- und Extremismusprävention. Zugleich entsteht der Eindruck, dass die methodische und institutionelle Ausdifferenzierung des Feldes einen „Kampf" der Paradigmen in Deutschland befeuert, der einen Dialog zwischen verschiedenen „Evaluationsschulen" sowie zwischen der Praxis- und Meta-Forschung teils erschwert. Es fällt zudem auf, dass die aktuellen Diskurse rund um die Evaluationsmethoden und (Gold-)Standards der Extremismusprävention jene Kontroversen wiederholen, die bereits in der angelsächsischen Soziologie der 1980/90er Jahre einen prominenten Platz einnahmen.
- Die Evaluationsforschung stellt einen Forschungszweig mit Tradition dar. Insgesamt wurde die zeitgenössische Evaluationsforschung im Hinblick auf weltanschauliche und erkenntnistheoretische Wurzeln von mindestens vier Trends geprägt: dem mehr oder minder radikalen Rationalismus der 1960er Jahre und dem Experimentalgedanken der evidenzbasierten Forschung der 1980/90er Jahre, dem pluralistisch-dialogischen Ansatz der 1970/80er Jahre und dem neo-liberalen (Steuerungs-)Konzept.
- Der Empirismus und Positivismus postulierten etwa das Vorhandensein einer objektiven Realität, die Objektivität und Neutralität der Wissenschaft und verfolgten daraus resultierend einen methodischen Rigorismus.
- Im interpretativen/konstruktivistischen Paradigma wird die vermeintlich objektive Realität als Konstruktion verschiedener konkurrierender Perspektiven aufgefasst.

M. Logvinov, *Evaluation und Radikalisierungsprävention*, essentials, https://doi.org/10.1007/978-3-658-34130-5

- Das emanzipatorische/transformative Evaluationsparadigma rückt bei der Bewertung sozialer Innovationen vor allem jene Faktoren in den Vordergrund, die auf verschiedene soziale Realitäten der Betroffenen Einfluss nehmen.
- Das anwendungsorientierte (auch nutzen- oder nutzungsorientierte) Paradigma reagierte demgegenüber auf die Beobachtung der Evaluationspraxis, der zufolge eine unübersehbare Lücke zwischen den Evaluationsergebnissen und ihrem Mehrwert für die jeweiligen Zielgruppen klaffte.
- Im Gegensatz zu rein ergebnisorientierten Ansätzen konzentriert sich die Evaluation der Programmintegrität bzw. der Trägerqualität auf die Ebenen der Interventionskonzepte, der Programmdauer und -intensität, der Ressourcen und des Verhältnisses zwischen Interventionen, Intervenierenden und Klienten.
- Verglichen mit den vorhandenen Evaluationsansätzen und -verfahren, die Programme für soziale Innovationen zu ihrem Forschungsgegenstand machen, lässt die Projekt- und Maßnahmenevaluation in der Radikalisierungsprävention teils die Innovationskraft missen, die diesem wichtigen und sich dynamisch entwickelnden Bereich gebührt. Denn es mangelt an innovativen ganzheitlichen Ansätzen der Wirkungsevaluation in der realen Welt.
- Es reicht für die Belange der evidenzorientierten Prävention nicht aus, reine Messindikatoren zu entwickeln oder ganze Batterien an Messinstrumenten zusammenzustellen. Zugleich können Messinstrumente wichtige Impulse für die interne Evaluation und Qualitätssicherung geben und das Fallmonitoring verbessern. Daher bedarf es eines intensiveren Dialogs zwischen der Meta- und Evaluationsforschung und der Fachpraxis, um vielversprechende Messverfahren und Evaluationsansätze auf ihre Güte und praktische Nutzbarkeit zu analysieren.
- Die wirkungsorientierte Forschung auf dem Gebiet der Radikalisierungsprävention und Deradikalisierung bedarf eines ganzheitlichen Ansatzes, der zum einen die auf die Interventionen einwirkenden Faktorengruppen adressiert und zum anderen Wirkungen von Maßnahmen nicht losgelöst von der Handlungslogik der involvierten Akteure bewertet. Die theoriebasierten und mechanismischen Ansätze scheinen daher vielversprechend einzusetzen zu sein.
- Die Anwendung der ToC und Realistischen Verfahren in der Evaluation von Maßnahmen der Radikalisierungsprävention erlauben tiefere Einblicke in die Präventionspraxis, was für die Weiterentwicklung von Evaluationsansätzen durchaus von Vorteil sein kann.

Literatur

Airasian, Peter W. (1983): Societal Experimentation. In: George F. Madaus, Michael S. Scriven und Daniel L. Stufflebeam (Hg.): Evaluation Models. Dordrecht: Springer Netherlands, S. 163–175.

Alkin, Marvin C. (2012) (Hg.): Evaluation Roots. A Wider Perspective of Theorists' Views and Influences, Los Angeles.

Alkin, Marvin C.; Christie, Christina A. (2012): An Evaluation Theory Tree. In: Evaluation Roots. A Wider Perspective of Theorists' Views and Influences, Los Angeles, S. 11–58.

Arbeitskreis „Evaluation von Entwicklungspolitik": DeGEval – Deutsche Gesellschaft für Evaluation (2010) (Hg.): Verfahren der Wirkungsanalyse. Ein Handbuch für die entwicklungspolitische Praxis. Freiburg i. Br.

Armborst, Andreas (2018): Einführung: Merkmale und Abläufe evidenzbasierter Kriminalprävention. In: Maria Walsh, Benjamin Pniewski, Marcus Kober und Andreas Armborst (Hg.): Evidenzorientierte Kriminalprävention in Deutschland. Ein Leitfaden für Politik und Praxis. Wiesbaden: Springer, S. 3–19.

Armborst, Andreas (2019): Evidenzbasierte Prävention von Extremismus und Radikalisierung: Leerstellen und Handlungsbedarf. Online: https://www.bpb.de/politik/extremismus/radikalisierungspraevention/292805/evidenzbasierte-praevention (19. Juni).

Armborst, Andreas; Biene, Janusz; Coester, Marc; Greuel, Frank; Milbradt, Björn; Nehlsen, Inga (2018): Evaluation in der Radikalisierungsprävention. Ansätze und Kontroversen. Frankfurt am Main.

Baruch, Ben; Ling, Tom; Warnes, Rich; Hofman, Joanna (2018): Evaluation in an emerging field: Developing a measurement framework for the field of counter-violent-extremism. In: Evaluation 24 (4), S. 475–495. https://doi.org/10.1177/1356389018803218.

Ben Slama, Brahim; Kemmesies, Uwe (Hg.) (2020): Handbuch Extremismusprävention. Gesamtgesellschaftlich. Phänomenübergreifend, Wiesbaden.

Beywl, Wolfgang (2006): Demokratie braucht wirkungsorientierte Evaluation – Entwicklungspfade im Kontext der Kinder- und Jugendhilfe. In: Karin Haubrich (Hg.): Wirkungsevaluation in der Kinder- und Jugendhilfe. Einblicke in die Evaluationspraxis. München, S. 25–48.

Beywl, Wolfgang; P, Susanne (2012): Nutzungsfokussierte Evaluation am Beispiel eines multizentrischen Programms. In: Rainer Strobl, Olaf Lobermeier und Wilhelm Heitmeyer (Hg.): Evaluation von Programmen und Projekten für eine demokratische Kultur. Wiesbaden, S. 101–125.

Bischoff, Ursula; König, Frank; Zimmermann, Eva (2018): Pädagogik wirkt?! Wirkungsevaluationen in der pädagogischen Präventionsarbeit. In: Michaela Glaser, Anja Frank, Maruta Herding (Hg.): Gewaltorientierter Islamismus im Jugendalter. Perspektiven aus Jugendforschung und Jugendhilfe. Weinheim/Basel: Beltz Juventa, S. 147-157.

Bjørgo, Tore (2016a): Preventing Crime. A Holistic Approach. New York.

Bjørgo, Tore (2016b): Counter-terrorism as crime prevention: a holistic approach. In: Behavioral Sciences of Terrorism and Political Aggression, 8:1, S. 25-44. https://doi.org/10.1080/19434472.2015.1108352.

Bjørgo, Tore (2013): Strategies for Preventing Terrorism, London.

Blamey, Avril; Mackenzie, Mhairi (2007): Theories of Change and Realistic Evaluation. In: Evaluation 13 (4), S. 439–455. https://doi.org/10.1177/1356389007082129.

Brandt, Tasso (2009): Evaluation in Deutschland. Professionalisierungsstand und -perspektiven. Münster.

Breuer, Erica; Lee, Lucy; Mary De Silva, Crick Lund (2016): Using theory of change to design and evaluate public health interventions: a systematic review. In: Implementation Science (2016) 11:63. https://doi.org/10.1186/s13012-016-0422-6.

Bubenitschek, Günther; Greulich, Reiner; Wegel, Melanie (2014): Kriminalprävention in der Praxis. Heidelberg.

Chen, Huey T. (2012): Theory-driven evaluation: Conceptual framework, application and advancement. In: Rainer Strobl, Olaf Lobermeier und Wilhelm Heitmeyer (Hg.): Evaluation von Programmen und Projekten für eine demokratische Kultur. Wiesbaden, S. 17–40.

Coester, Marc (2018): Das Düsseldorfer Gutachten und die Folgen. In: Maria Walsh, Benjamin Pniewski, Marcus Kober und Andreas Armborst (Hg.): Evidenzorientierte Kriminalprävention in Deutschland. Ein Leitfaden für Politik und Praxis. Wiesbaden, S. 37–57.

Connell, James P.; Kubisch, Anne C. (1998): Applying a Theory of Change Approach to the Evaluation of Comprehensive Community Initiatives: Progress, Prospects, and Problems. Online: https://www.dmeforpeace.org/sites/default/files/080713%20Applying+Theory+of+Change+Approach.pdf (24. Juni2020).

Cronbach, Lee J. (1982). Designing evaluations of educational and social programs. San Francisco.

Cronbach, Lee J. (1983): Ninety-five Theses for Reforming Program Evaluation. In: George F. Madaus, Michael S. Scriven und Daniel L. Stufflebeam (Hg.): Evaluation Models. Dordrecht, S. 405–412.

Davis, Matthew; Warnes, Richard; Hofman, Joanna (2017): Exploring the transferability and applicability of gang evaluation methodologies to counter-violent radicalisation. Cambridge.

Davolio, Miryam Eser/Drilling, Matthias (2007): Vergleichende Evaluation von Interventionen gegen Rechtsextremismus: Perspektiven professionalisierter wissensgenerierender

Evaluationen. In: Michaela Glaser; Silke Schuster (Hg.): Evaluation präventiver Praxis gegen Rechtsextremismus. Positionen, Konzepte und Erfahrungen. Halle, S. 53–68.

Dollinger, Bernd (2018a): Paradigmen sozial- und erziehungswissenschaftlicher Wirkungsforschung: Eine Analyse kausaltheoretischer Annahmen und ihrer Folgen für die Soziale Arbeit. In: Soziale Passagen, 10, S. 245–262.

Dollinger, Bernd (2018b): Die Konstruktion von Evidenz in der Präventionsarbeit. In: Maria Walsh, Benjamin Pniewski, Marcus Kober und Andreas Armborst (Hg.): Evidenzorientierte Kriminalprävention in Deutschland. Ein Leitfaden für Politik und Praxis. Wiesbaden, S. 187–203.

Eisner, Manuel; Malti, Tina; Ribeaud, Denis; Müller, Barbara (2012): Groß angelegte Feldversuche in der kriminologischen Präventionsforschung. Das Zürcher Projekt zur sozialen Entwicklung von Kindern. In: Rainer Strobl, Olaf Lobermeier und Wilhelm Heitmeyer (Hg.): Evaluation von Programmen und Projekten für eine demokratische Kultur. Wiesbaden, S. 69–97.

Farrington, David P.; Ttofi, Maria M.; Lösel, Friedrich A. (2016): Developmental and Social Prevention. In: David Weisburd, David P. Farrington, Charlotte Gill (Hg.): What Works in Crime Prevention and Rehabilitation. New York, S. 15–75.

Fässler, Sarah; Studer, Sibylle (2019): Wirkungsevaluation von Interventionen. Leitfaden für Projekte im Bereich Bewegung, Ernährung und psychische Gesundheit (= Gesundheitsförderung Schweiz, Arbeitspapier 46). Online: https://www.quint-essenz.ch/it/public_ass ets/451/download (1. Juni 2020).

Fink, Naureen Chowdhury; Romaniuk, Peter; Barakat, Rafia (2013): Evaluating Countering Violent Extremism Programming. Practice and Progress. New York.

Gansewig, Antje (2018): Prävention von politischem Extremismus in Deutschland. In: Maria Walsh, Benjamin Pniewski, Marcus Kober und Andreas Armborst (Hg.): Evidenzorientierte Kriminalprävention in Deutschland. Ein Leitfaden für Politik und Praxis. Wiesbaden, S. 465–488.

Giel, Susanne (2013): Theoriebasierte Evaluation: Konzepte und methodische Umsetzungen, Münster.

Gielen, Amy-Jane (2018): Exit programmes for female jihadists: A proposal for conducting realistic evaluation of the Dutch approach. In: International Sociology, 33(4), 454–472. https://doi.org/10.1177/0268580918775586.

Gielen, Amy-Jane (2019): Countering Violent Extremism: A Realist Review for Assessing What Works, for Whom, in What Circumstances, and How? In: Terrorism and Political Violence 31 (6), S. 1149–1167. https://doi.org/10.1080/09546553.2017.1313736.

Gill, Charlotte (2016): Community Interventions. In: David Weisburd, David P. Farrington, Charlotte Gill (Hg.): What Works in Crime Prevention and Rehabilitation. New York, S. 77–109.

Glaser, Michaela; Schuster, Silke (Hg.) (2007): Evaluation präventiver Praxis gegen Rechtsextremismus. Positionen, Konzepte und Erfahrungen. Halle.

Glock, Birgit; Lüter, Albrecht; Schroer-Hippel, Miriam (2018): Jugendgewaltprävention und Wirkungsorientierung: Monitoring, Evaluation und Transfer durch die Berliner Arbeitsstelle Jugendgewaltprävention. In: Maria Walsh, Benjamin Pniewski, Marcus Kober, Andreas Armborst (Hg.): Evidenzorientierte Kriminalprävention in Deutschland. Ein Leitfaden für Politik und Praxis. Wiesbaden, S. 167–184.

Groeger-Roth, Frederick; Marks, Erich; Meyer, Anja (2018): Erfahrungen des Landespräventionsrates Niedersachsen (LPR) bei der Umsetzung einer qualitätsorientierten und evidenzbasierten Präventionspraxis. In: Maria Walsh, Benjamin Pniewski, Marcus Kober, Andreas Armborst (Hg.): Evidenzorientierte Kriminalprävention in Deutschland. Ein Leitfaden für Politik und Praxis. Wiesbaden, S. 145–165.

Guerette, Rob (2009): Pull, Push, and Expansion of Situational Crime Prevention Evaluation: An Appraisal of Thirty-Seven Years of Research. In: Johannes Knutsson, Nick Tilley (Hg.): Evaluating Crime Reduction Initiatives. New York, S. 29–58.

Helmus, Todd C. et al. (2017): RAND Program Evaluation Toolkit for Countering Violent Extremism. Santa Monica.

Hemert, Dianne van; Helma van den Berg: Tony van Vliet; Maaike Roelofs; Mirjam Huis in 't Veld (2014): Synthesis report on the state-of-the-art in evaluating the effectiveness of counter-violent extremism interventions Brussels.

Herrmann, Franz; Müller, Bettina (2019): Qualitätsentwicklung in der Sozialen Arbeit. Grundlagen, Methoden, Umsetzung. Stuttgart.

Hilkert, Marius; Johansson Susanne (2019): „Beziehung kommt vor Bildung". Abschlussbericht der Wissenschaftlichen Begleitung des Modellprojekts „Den Extremismus entzaubern!" (Violence Prevention Network e. V.) für den Zeitraum Juli 2018 bis Dezember 2019, Frankfurt/M.

Hohnstein, Sally; Greuel, Frank; Glaser, Michaela (2015): Einstiege Verhindern, Ausstiege begleiten. Pädagogische Ansätze und Erfahrungen im Handlungsfeld Rechtsextremismus. Halle.

Horgan, John; Braddock, Kurt (2010): Rehabilitating the Terrorists? Challenges in Assessing the Effectiveness of De-radicalization Programs. In: Terrorism and Political Violence, 22(2), 267–291. DOI: 10.1080/09546551003594748.

House, Ernest R. (1983): Assumptions Underlying Evaluation Models. In: George F. Madaus, Michael S. Scriven, Daniel L. Stufflebeam (Hg.): Evaluation Models. Dordrecht, S. 45–64.

Jackson, Suzanne F.; Kolla, Gillian (2012): A New Realistic Evaluation Analysis Method. In: American Journal of Evaluation 33 (3), S. 339–349. https://doi.org/10.1177/109821401 2440030.

Kellaghan, Thomas; Madaus, George F. (2002): Outcome Evaluation. In: Daniel L. Stufflebeam, George F. Madaus, Thomas Kellaghan (Hg.): Evaluation Models, Bd. 49. Dordrecht, S. 97–112.

Knutsson, Johannes (2009): Evaluating crime reduction Initiatives. New York.

Kober, Marcus (2020): *Prozessevaluation* der Fachstelle PREvent!on. Prävention von religiös begründetem Extremismus, Bonn.

Kober, Marcus; Frevel, Bernhard; van den Brink, Henning; Wurtzbacher, Jens (2018): Evidenz in der Kommunalen Kriminalprävention – Zur Wirksamkeitsanalyse von Kooperationsstrukturen. In: Maria Walsh, Benjamin Pniewski, Marcus Kober, Andreas Armborst (Hg.): Evidenzorientierte Kriminalprävention in Deutschland. Ein Leitfaden für Politik und Praxis. Wiesbaden, S. 729–741.

Koehler, Daniel (2017a): Understanding Deradicalization. Methods, tools and programs for countering violent extremism. New York.

Koehler, Daniel (2017b): Preventing Violent Radicalisation: Program Design and Evaluation. Online: https://www.cidob.org/en/articulos/monografias/resilient_cities/preventing_violent_radicalisation_programme_design_and_evaluation (25. Juni 2020).

Köhler, Daniel (2016): Strukturelle Qualitätsstandards in der Interventions- und Präventionsarbeit gegen gewaltberfeiten Extremismus. Hg. v. Ministerium für Inneres, Digitalisierung und Migration Baden-Württemberg. Stuttgart.

Korn, Judy (2016): European CVE Strategies from a Practitioner's Perspective. In: The ANNALS of the American Academy of Political and Social Science 668 (1), S. 180–197. https://doi.org/10.1177/0002716216671888.

Kromrey, Helmut (2007): Begleitforschung und Evaluation – fast das Gleiche, und doch etwas Anderes! In: Michaela Glaser, Silke Schuster (Hg.): Evaluation präventiver Praxis gegen Rechtsextremismus. Positionen, Konzepte und Erfahrungen. Halle, S. 113–135.

La Chaux, Marlen de; Kober, Marcus; Nabo, Mitra Moussa (2018): Überlegungen zur Schaffung einer Evidenzgrundlage für die Präventionsarbeit im Bereich islamistischer Extremismus. In: Maria Walsh, Benjamin Pniewski, Marcus Kober, Andreas Armborst (Hg.): Evidenzorientierte Kriminalprävention in Deutschland. Ein Leitfaden für Politik und Praxis. Wiesbaden, S. 489–509.

Latessa, Edward J. (2004): The challenge of change: Correctional programs and evidence-based practices. In: Criminology & Public Policy, 3 (4), S. 547–560. https://doi.org/10.1111/j.1745-9133.2004.tb00061.x.

Latessa, Edward J. (2013): Evaluating Correctional Programs. Online: https://www.unafei.or.jp/english/pdf/RS_No88/No88_11VE_Latessa_Evaluating.pdf (abgerufen im Januar 2018; der Link ist inzwischen inaktiv).

Lee, Barbara (2004): Theories of Evaluation. In: Reinhard Stockmann (Hg.): Evaluationsforschung. Wiesbaden, S. 127–164.

Leeuw, Frans L. (2000): Evaluation in Europe. In: Reinhard Stockmann (Hg.): Evaluationsforschung. Wiesbaden, 57–76.

Logvinov, Michail (2021): Evaluation in der Radikalisierungsprävention. Kontroversen – Verfahren – Implikationen. In: Emser, Corinna; Miguel Müller, Nelia; Rupp, Teresa; Wielopolski-Kasaku, Alexandra (Hg.): Schnitt:stellen: Erkenntnisse aus Forschung und Beratungspraxis im Phänomenbereich islamistischer Extremismus (Beiträge zu Migration und Integration, Bd. 9). Nürnberg: Bundesamt für Migration und Flüchtlinge.

Logvinov, Michail (2020): Evaluation in der Radikalisierungsprävention. Online: https://www.journal-exit.de/wp-content/uploads/2020/08/Evaluationsansa%CC%88tze-in-der-Radikalisierungspra%CC%88vention.pdf (20. August 2020).

Lüders, Christian/Haubrich, Karin (2007): Evaluation in wenig formalisierten pädagogischen Settings. In: Michaela Glaser, Silke Schuster (Hg.): Evaluation präventiver Praxis gegen Rechtsextremismus. Positionen, Konzepte und Erfahrungen. Halle, S. 136–149.

Lüders, Christian; Haubrich, Karin (2006): Wirkungsevaluation in der Kinder- und Jugendhilfe: Über hohe Erwartungen, fachliche Erfordernisse und konzeptionelle Antworten. In: Karin Haubrich (Hg.): Wirkungsevaluation in der Kinder- und Jugendhilfe. Einblicke in die Evaluationspraxis. München, S. 5–24.

Lüders, Christian; Milbradt, Björn; Gess, Christopher; Mewes, Alexander (2020): Die Bundesebene – Bundesprogramme zur Demokratieförderung und Extremismusprävention. In: Brahim Ben Slama, Uwe Kemmesies (Hg.): Handbuch Extremismusprävention – Gesamtgesellschaftlich. Phänomenübergreifend. Hamm, S. 581-596.

Lum, Cynthia; Kennedy, Leslie W. (2012): Evidence-Based Counterterrorism Policy. New York.

Lützinger, Saskia; Gruber, Florian (2017): Extremismusprävention in Deutschland – Herausforderungen und Optimierungspotential. Modulabschlussbericht. Wiesbaden.

Macsenaere, Michael (2006): Wirkungen der Kinder- und Jugendhilfe sind messbar! Methoden, Ergebnisse und Empfehlungen der Jugendhilfe-Effekte-Studie (JES) und weiterer darauf beruhender wirkungsorientierter Evaluationen. In: Karin Haubrich (Hg.): Wirkungsevaluation in der Kinder- und Jugendhilfe. Einblicke in die Evaluationspraxis. München, S. 49–80.

Madaus, George F.; Kellaghan, Thomas (2000): Models, Metaphors, and Definitions in Evaluation. In: Daniel L. Stufflebeam, George F. Madaus, Thomas Kellaghan (Hg.): Evaluation Models, Bd. 49. Dordrecht, S. 19–31.

Madaus, George F.; Stufflebeam, Daniel L. (2000): Program Evaluation: A Historical Overview. In: Daniel L. Stufflebeam, George F. Madaus, Thomas Kellaghan (Hg.): Evaluation Models, Bd. 49. Dordrecht, S. 3–18.

Madaus, George F.; Stufflebeam, Daniel; Scriven, Michael S. (1983): Program Evaluation. In: George F. Madaus, Michael S. Scriven, Daniel L. Stufflebeam (Hg.): Evaluation Models. Dordrecht, S. 3–22.

Merchel, Joachim (2019): Evaluation in der Sozialen Arbeit. Wien.

Mertens, Donna M. (2004): Institutionalizing Evaluation in the United States of America. In: Reinhard Stockmann (Hg.): Evaluationsforschung. Wiesbaden, S. 41–56.

Milbradt, Björn (2019): (Neue) Evaluationskultur in der Radikalisierungsprävention? Forschungsmethoden, Akteurskonstellationen und Logik(en) der Praxis. Online: https://www.bpb.de/politik/extremismus/radikalisierungspraevention/289847/neue-evaluationskultur-in-der-radikalisierungspraevention (18. April).

Molenkamp, Merel et al. (2018): Guideline Evaluation of PCVE Programmes and Interventions. Online: https://ec.europa.eu/home-affairs/sites/homeaffairs/files/what-we-do/networks/radicalisation_awareness_network/ranpapers/docs/ms_workshops_guidelines_evaluation_of_pcve_programmes_and_interventions_july_2018_en.pdf (25. Juni 2020).

Möller, Kurt; Buschbom, Jan; Pfeiffer, Thomas (2020): Zur Evaluation von Praxisansätzen der Extremismusprävention. In: Brahim Ben Slama, Uwe Kemmesies (Hg.): Handbuch Extremismusprävention. Gesamtgesellschaftlich. Phänomenübergreifend. Wiesbaden, S. 389-428.

Möller, Kurt; Neuscheler, Florian (2018): Abschlussbericht zur Evaluation der Beratungsstelle Hessen – Religiöse Toleranz statt Extremismus. Esslingen. Online: https://violence-prevention-network.de/wp-content/uploads/2019/02/Abschlussbericht-Evaluation-Beratungsstelle-Hessen.pdf (25. Juni 2020).

Moussa Nabo, Mitra; Nehlsen, Inga; Wistuba, Frederike W. (2020): Wissenschaftliche Begleitung und Evaluation des Präventionsprojekts spiel.raum: Zwischenbericht, Bonn.

Müller, Christoph Emanuel (2017): Kausale Wirkungsevaluation zwischen methodischem Anspruch und empirischer Praxis. In: Reinhard Stockmann, Wolfgang Meyer (Hg.): Die Zukunft der Evaluation. Münster, S. 205–222.

Mullins, Sam (2010): Rehabilitation of Islamist terrorists: Lessons from criminology. In: Dynamics of Asymmetric Conflict, 3 (3), 162–193. DOI: 10.1080/17467586.2010.528438.

Nehlsen, Inga; Biene, Janusz; Coester, Marc; Greuel, Frank; Milbradt, Björn; Armborst, Andreas (2020): Evident and Effective? The Challenges, Potentials and Limitations of Evaluation Research on Preventing Violent Extremism. In: International Journal of Conflict and Violence 14 (2), S. 1-20. https://doi.org/10.4119/ijcv-3801.

Otto, Hans-Uwe; Polutta, Andreas; Ziegler, Holger (Hg.) (2010): What works – welches Wissen braucht die soziale Arbeit? Zum Konzept evidenzbasierter Praxis. Opladen.

Palloks, Kerstin (2007): „Große Erwartungen" – zur Wirkungsfrage bei der Evaluation von Modellprogrammen. In: Michaela Glaser, Silke Schuster (Hg.): Evaluation präventiver Praxis gegen Rechtsextremismus. Positionen, Konzepte und Erfahrungen. Halle, S. 14–31.

Patton, Michael Q. (2003): Utilization-Focused Evaluation. In: Kellaghan, T., Stufflebeam, D.L (Hg.): International Handbook of Educational Evaluation, Wiesbaden, S. 223-244.

Pawson, Ray/Tilley, Nick (2004): Realist Evaluation. Online: http://www.communitymatters. com.au/RE_chapter.pdf (25. Juni 2020).

Pniewski, Benjamin; Walsh, Maria (2018): Schwierigkeiten bei der Implementierung von Evaluationsforschung in der Praxis. In: Maria Walsh, Benjamin Pniewski, Marcus Kober, Andreas Armborst (Hg.): Evidenzorientierte Kriminalprävention in Deutschland. Ein Leitfaden für Politik und Praxis. Wiesbaden, S. 253–268.

Projekt eXe (Hg.) (2006): Wirkungsevaluation in der Kinder- und Jugendhilfe. Einblicke in die Evaluationspraxis, Augsburg.

Quay, Herbert C. (1977): The three faces of evaluation: What can be expected to work. Criminal Justice and Behavior, 4 (4), 341-354. https://doi.org/10.1177/009385487700 400402.

Rauscher, Olivia; Mildenberger, Georg; Krlev, Georgi (2015): Wie werden Wirkungen identifiziert? Das Wirkungsmodell. In: Christian Schober, Volker Then (Hg.): Praxishandbuch Social Return on Investment. Wirkungen sozialer Investitionen messen. Stuttgart, S. 41-58.

Rogers, Patricia J. (2000): Program Theory: Not Whether Programs Work but How They Work. In: Daniel L. Stufflebeam, George F. Madaus, Thomas Kellaghan (Hg.): Evaluation Models, Bd. 49. Dordrecht, S. 209–232.

Ruf, Maximilian; Walkenhorst, Dennis (2021): Evaluation im Kooperationskontext. Chancen zur Gestaltung der Zusammenarbeit von Sicherheitsbehörden und Zivilgesellschaft, PRIF Spotlight 3/2021, Frankfurt/M.

Schneckener, Ulrich (2006): Transnationaler Terrorismus, Berlin.

Schober, Christian; Then, Volker (Hg.) (2015): Praxishandbuch Social Return on Investment. Wirkungen sozialer Investitionen messen. Stuttgart.

Schuster, Silke (2007): Improvisation, Partizipation und die Frage der Wirkungen – Eine Untersuchung zu Evaluationen der pädagogischen Arbeit gegen Rechtsextremismus. In: Michaela Glaser, Silke Schuster (Hg.): Evaluation präventiver Praxis gegen Rechtsextremismus. Positionen, Konzepte und Erfahrungen. Halle, S. 169–181.

Scriven, Michael (1983): Evaluation Ideologies. In: George F. Madaus, Michael S. Scriven und Daniel L. Stufflebeam (Hg.): Evaluation Models. Dordrecht, S. 229–260.

Sherman, Lawrence W. (Hg.) (2006): Evidence-based crime prevention. London.

Stake, Robert E. (2000): Responsive Evaluation. In: Daniel L. Stufflebeam, George F. Madaus, Thomas Kellaghan (Hg.): Evaluation Models, Bd. 49. Dordrecht, S. 63–68.

Steinmetz, Andrés (1983): The Discrepancy Evaluation Model. In: George F. Madaus, Michael S. Scriven, Daniel L. Stufflebeam (Hg.): Evaluation Models. Dordrecht, S. 79–99.

Stockmann, Reinhard (2004): Evaluation in Deutschland. In: Reinhard Stockmann (Hg.): Evaluationsforschung. Wiesbaden, S. 11–40.

Stockmann, Reinhard (2006): Evaluation und Qualitätsentwicklung. Eine Grundlage für wirkungsorientiertes Qualitätsmanagement. Münster/New York

Stockmann, Reinhard (Hg.) (2007): Handbuch zur Evaluation. Eine praktische Handlungsanleitung. Münster/New York.

Stockmann, Reinhard; Meyer, Wolfgang (2017): Die Zukunft der Evaluation. Trends, Herausforderungen, Perspektiven, Münster.

Strobl, Rainer; Lobermeier, Olaf; Heitmeyer, Wilhelm (Hg.) (2012): Evaluation von Programmen und Projekten für eine demokratische Kultur. Wiesbaden.

Stufflebeam, Daniel L. (1983): The CIPP Model for Program Evaluation. In: George F. Madaus, Michael S. Scriven, Daniel L. Stufflebeam (Hg.): Evaluation Models. Dordrecht, S. 117–141.

Stufflebeam, Daniel L. (2000): Foundational Models for 21st Century Program Evaluation. In: Daniel L. Stufflebeam, George F. Madaus, Thomas Kellaghan (Hg.): Evaluation Models, Bd. 49. Dordrecht, S. 33–83.

Stufflebeam, Daniel L. (2003): The CIPP Model for Evaluation. In: Kellaghan, T., Stufflebeam, D.L (Hg.): International Handbook of Educational Evaluation. Wiesbaden, S. 31-62.

Stufflebeam, Daniel L.; Madaus, George F. (1983): The Standards for Evaluation of Educational Programs, Projects, and Materials. In: George F. Madaus, Michael S. Scriven, Daniel L. Stufflebeam (Hg.): Evaluation Models. Dordrecht, S. 395–404.

Stufflebeam, Daniel L.; Madaus, George F.; Kellaghan, Thomas (Hg.) (2002): Evaluation Models. Dordrecht.

Stufflebeam, Daniel L.; Webster, William J. (1983): An Analysis of Alternative Approaches to Evaluation. In: George F. Madaus, Michael S. Scriven, Daniel L. Stufflebeam (Hg.): Evaluation Models. Dordrecht, S. 23–43.

Then, Volker; Kehl, Konstantin (2015): Wie können Wirkungsdimensionen operationalisiert werden? In: Christian Schober, Volker Then (Hg.): Praxishandbuch Social Return on Investment. Wirkungen sozialer Investitionen messen. Stuttgart, S. 59-76.

Tilley, Nick (2002): Evaluation for crime prevention. New York.

Tyler, Ralph W. (1983): A Rationale for Program Evaluation. In: George F. Madaus, Michael S. Scriven, Daniel L. Stufflebeam (Hg.): Evaluation Models. Dordrecht, S. 67–78.

Uhlmann, Milena (2017): Evaluation der Beratungsstelle "Radikalisierung". Abschlussbericht. Nürnberg.

Ullrich, Simone et al. (2019): Evaluationskriterien für die Islamismusprävention. Bonn.

Urban, Johannes (2006): Die Bekämpfung des internationalen islamistischen Terrorismus. Wiesbaden.

Van de Donk, Maarten; Uhlmann, Milena; Keijzer, Fenna (2019): Handbuch zu Peer- und Self-Review in der Ausstiegsarbeit. Online: https://ec.europa.eu/home-affairs/sites/hom eaffairs/files/what-we-do/networks/radicalisation_awareness_network/about-ran/ran exit/docs/ran_exit_peer_self_review_manual_for_exit_work_de.pdf (3. Oktober).

Vedung, Evert (2010): Four Waves of Evaluation Diffusion. In: Evaluation, 16 (3), 263–277. https://doi.org/10.1177/1356389010372452.

Walkenhorst, Dennis: (2019): Das „Erwartungsdreieck Evaluation": Eine Praxisperspektive. Online: https://www.bpb.de/politik/extremismus/radikalisierungspraevention/ 287931/das-erwartungsdreieck-evaluation-eine-praxisperspektive (20. März 2019).

Walsh, Maria; Pniewski, Benjamin; Kober, Marcus; Armborst, Andreas (Hg.) (2018): Evidenzorientierte Kriminalprävention in Deutschland. Ein Leitfaden für Politik und Praxis. Wiesbaden.

Weisburd, David; Farrington, David P.; Gill, Charlotte (2016): Introduction: What Works in Crime Prevention? In: David Weisburd, David P. Farrington, Charlotte Gill (Hg.): What Works in Crime Prevention and Rehabilitation. New York, S. 1–13.

Weiss, Carol H. (1995): Nothing as Practical as Good Theory: Exploring Theory-Based Evaluation for Comprehensive Community Initiatives for Children and Families. In: The Aspen Institute (Hg.): New Approaches to Evaluating Community Initiatives: Concepts, Methods, and Contexts, The Aspen Institute, 65–92.

Werthern, Anna von (2020): Theoriebasierte Evaluation. Entwicklung und Anwendung eines Verfahrensmodells zur Programmtheoriekonstruktion. Springer Fachmedien. Wiesbaden 2020.

Widmer, Thomas (2012): Wirkungsevaluation zu Maßnahmen der Demokratieförderung. In: Rainer Strobl, Olaf Lobermeier, Wilhelm Heitmeyer (Hg.): Evaluation von Programmen und Projekten für eine demokratische Kultur. Wiesbaden, S. 41–68.

Widmer, Thomas; De Rocchi, Thomas (2012): Evaluation. Grundlagen, Ansätze und Anwendungen. Zürich: Rüegger.

Widmer, Thomas; Blaser, Cornelia; Falk, Chantal (2007): Evaluating Measures Taken Against Right-Wing Extremism. In: Evaluation 13 (2), S. 221–239. https://doi.org/10.1177/135638 9007075225.

Williams, Michael J.; Kleinman, Steven M. (2014): A utilization-focused guide for conducting terrorism risk reduction program evaluations. In: Behavioral Sciences of Terrorism and Political Aggression, 6 (2), S. 102–146. https://doi.org/10.1080/19434472.2013.860183.

Yngborn, Annalena; Hoops, Sabrina (2018): Das Logische Modell als Instrument der Evaluation in der Kriminalitätsprävention im Kindes- und Jugendalter. In: Maria Walsh, Benjamin Pniewski, Marcus Kober, Andreas Armborst (Hg.): Evidenzorientierte Kriminalprävention in Deutschland. Ein Leitfaden für Politik und Praxis. Wiesbaden, S. 349–368.

Printed in the United States
by Baker & Taylor Publisher Services